职业教育“十四五”规划教材
职业教育财经技能大赛辅导用书

财经基本技能实训

主　编：张雪梅　喻　红
副主编：周国英　杨晓妮　赵　勤

中国石化出版社
HTTP://WWW.SINOPEC-PRESS.COM
中国经济出版社
CHINA ECONOMIC PUBLISHING HOUSE

内 容 提 要

本书根据中高职学校财经商贸类专业人才需求及其专业教学的实际需要编写，内容包括财经数字书写技能实训、财经计算工具操作技能实训、财经计算工具运用技能实训、验钞与点钞技能实训四个模块。

本书可作为职业教育财经商贸类专业教学用书，也可作为财经职业岗位专业技能培训用书和社会相关人员专业技能自学用书。

图书在版编目(CIP)数据

财经基本技能实训／张雪梅，喻红主编. —北京：中国石化出版社，2023.2(2024.8 重印)

ISBN 978-7-5114-6984-7

Ⅰ.①财… Ⅱ.①张… ②喻… Ⅲ.①会计-职业教育-教材 Ⅳ.①F23

中国国家版本馆 CIP 数据核字(2023)第 029262 号

中国石化出版社出版发行

地址：北京市东城区安定门外大街 58 号

邮编：100011　电话：(010)57512500

发行部电话：(010)57512575

http://www.sinopec-press.com

E-mail:press@sinopec.com

北京科信印刷有限公司印刷

全国各地新华书店经销

*

787×1092 毫米 16 开本 13.75 印张 293 千字

2023 年 3 月第 1 版　2024 年 8 月第 2 次印刷

定价：42.00 元

《财经基本技能实训》
编委会

主编

张雪梅　重庆教育管理学校

喻　红　重庆市渝中职业教育中心

副主编

周国英　重庆市云阳职业教育中心

杨晓妮　重庆市女子职业高级中学

赵　勤　重庆市铜梁职业教育中心

参编学校教师

张蓉蓉　重庆市綦江职业教育中心

欧开会　重庆市璧山职业教育中心

张春艳　重庆市云阳职业教育中心

叶　茂　重庆九龙坡职业教育中心

肖　玲　重庆九龙坡职业教育中心

岑　霞　巴南职业教育中心

张志香　巫溪县职业教育中心

王　婷　巫溪县职业教育中心

聂清影　重庆市女子职业高级中学

熊　丽　重庆市女子职业高级中学

卢安民　重庆市女子职业高级中学

尹　凌　重庆市旅游学校

程世会　重庆市旅游学校

汪　洁　重庆财政学校

夏昌梅　重庆市大足职业教育中心

余　芳　宜都市职业教育中心

前　言

《会计基本技能实训》教材自 2019 年 11 月出版到现在已经过去了 3 年。为了更好地满足中高职学校财经商贸类专业学生的学习需要，编者结合近几年的教学改革实践经验和广大读者的反馈意见，对原书进行了修订，并将修订后的教材更名为《财经基本技能实训》。

本次修订，在保留之前版本特色的基础上，修订部分主要集中在：调整了部分内容的安排和表述；补充和更新了大量图例和表格；增加了大量具有代表性的实训内容；与时俱进，增加了新发行货币的识别技术等。本次修订，进一步增强了教材内容的直观性、实用性和操作性，更加贴近读者的阅读和认知规律，更有利于技术技能人才的培养。

《财经基本技能实训》是财经商贸类专业的一门技术性、操作性很强的专业基础课程，本书是根据中高职学校财经商贸类专业课程设置和专业基本技能教学要求，为适应和满足职业学校人才培养和全面素质教育的需要而编写，本书也是 2018 年重庆市中高职财经商贸类专业课程体系与教学资料协同研发培训班的培训成果。本书的编者不仅有行业专家，还有来自职教一线的参培老师。编者根据中高职学校财经商贸类专业人才需求及其专业教学的实际需要，结合学生的学习特点，突出了教材的易读、易懂、易操作性，通过大量实际操作图片将财经技能动作进行分解，直观地对财经基本技能加以实操性讲解，使学习者在学习过程中更能提高其实际动手操作能力。

本书注重学用结合，理论联系实际，突出体现培养技能型人才的特点，强调财经数字书写技能、财经计算工具操作技能、财经计算工具运用技能、验钞与点钞技能等财经基本技能和专业基础知识的掌握，注重提高财经商贸类专业学生的基本专业素质，增强学生适应职业变化的能力和继续学习的能力。

本书由重庆教育管理学校张雪梅、重庆市渝中职业教育中心喻红担任主编，编委会全体成员参与了本书相关章节的具体编写和修订。

本书的编写和修订，参考了很多相关的书籍和资料，谨在此一并表示诚挚的谢意。

因编者水平有限，疏漏之处在所难免。恳请广大读者批评指正并提出宝贵意见，以便及时改正。

编　者

2023年春

目　录

模块一

财经数字书写技能实训

任务1　阿拉伯数字书写技能实训

一、实训目标

1. 知识目标

(1) 熟悉阿拉伯数字 0~9 的书写要求。

(2) 掌握阿拉伯数字 0~9 的书写要领。

2. 技能目标

能正确、规范、工整、美观、流畅地书写阿拉伯数字 0~9。

二、实训所需用品

会计数字练习用纸或空白账页、黑色字迹财会专用笔、红色字迹财会专用笔(可在更正错误时使用)。

三、实训所需相关理论知识

1. 阿拉伯数字手写体样式(见图 1-1-1)

图 1-1-1　阿拉伯数字手写体样式

2. 阿拉伯数字书写要求

（1）字体要自右上方向左下方倾斜地写，倾斜度为45°~60°。

（2）“6”要比一般数字向右上方长出1/4，“7”和“9”要向左下方长出1/4。

（3）每个数字要紧靠凭证或账表行格底线书写，字体高度占行格高度的1/2，不得写满格，以便留有改错的空间。

（4）数字应当一个一个地写，不得连笔写。

（5）字体要各自成形，大小均衡，排列整齐，字迹工整、清晰。

（6）有圆的数字，如0、6、8、9等，圆圈必须封口。

（7）同行的相邻数字之间要空出半个阿拉伯数字的位置。

3. 阿拉伯数字0~9的书写要领(见表1-1-1)

表1-1-1　阿拉伯数字0~9的书写要领

阿拉伯数字	书写要领
0	紧贴底线；圆要闭合，不要有缺口，以防改动为“3”；不宜过小，否则易改为“9”；几个“0”连写时不要连笔写；起笔时应由左向右转圈；起笔和收笔处一定要封口；要写成上下略长的倾斜椭圆形。
1	要斜直，不能比其他数字短；且要合乎斜度要求，否则易改成“4”“6”“7”“9”等。
2	不能写成类似英文字母“Z”的形状；起笔时的上半圈要略大一点，收笔时的下半圈要小一点；落笔应紧贴底线；下部要绕圈，否则易被改成“3”；圈不能超过字的一半；要做到圈相连，圈不能断开；不要写成去头少尾。
3	上半圈和下半圈的大小倾斜度基本一致；上半圈可略小于下半圈，拐弯处光滑流畅；起笔处至拐弯处距离稍长，不宜过短，否则易被改成“5”或“8”。
4	两条竖线要平行；右边一条竖线略长一点，并穿过左边竖线转折过来的横线，落在格子的底线上；右边的竖线在横线上下部分的比例分配大致是上部分约占字的2/3，下部分约占字的1/3；“∠”角要死折，即竖要斜写，横要平直且长，折角不能圆滑，否则易被改成“6”。
5	起笔时要有一定的倾斜度；上端的一横要平，不能封顶，要与起笔相接，不能留空隙，也不能穿过起笔；横、钩必须明显，不可拖泥带水，否则易被改成或混淆成“8”。
6	起笔处在上半格的1/4处；下圆要明显，否则易被改成“8”。

续表

阿拉伯数字	书写要领
7	横要平直(稍长)，落笔可下伸到底线外，竖稍斜，拐弯处不能圆滑，否则易与“1”“9”相混淆。
8	起笔于右上角，结束于右上角；写“8”时，上边要稍小，下边稍大；可以斜“S”起笔，也可直笔起笔；终笔与起笔交接处应成棱角，并一定要封口，以防与“3”混淆。
9	上部的小圆要闭合，不留间隙，且一竖稍长，出下底线，否则易与“4”混淆。

四、实训内容

(1)在有数位格的会计数字练习用纸(见表1-1-2)或账页中将阿拉伯数字0~9规范地写出来。

表1-1-2　有数位格的会计数字练习用纸

(2) 在无数位格的会计数字练习用纸(见表 1-1-3)中将阿拉伯数字 0~9 规范地写出来。

表 1-1-3　无数位格的会计数字练习用纸

（3）在既有数位格又无数位格的会计数字练习用纸(见表1-1-4)中将阿拉伯数字0~9规范地写出来。

表1-1-4　既有数位格又无数位格的会计数字练习用纸

（4）在有数位格的会计数字练习用纸或账页或无数位格的会计数字练习用纸中将0~9这10个阿拉伯数字按0~9的顺序循环往复书写，试一试每分钟能否规范地写出100个数字以上。注意字号不要写得过大。

(5) 在有数位格的会计数字练习用纸或账页或无数位格的会计数字练习用纸中将 0~9 这 10 个阿拉伯数字按 0~9 的顺序循环往复书写 30 遍，每个数字的书写都应符合标准。要求会计专业达到三级标准，非会计专业达到四级标准。注意字号不要写得过大。具体要求为：一级：2.5 分钟以内完成；二级：3 分钟以内完成；三级：3.5 分钟以内完成；四级：4 分钟以内完成。

五、实训心得

任务 2　中文大写数字书写技能实训

一、实训目标

1. 知识目标

掌握中文大写数字的书写规范。

2. 技能目标

能正确、规范、工整、美观、流畅地书写各中文大写数字。

二、实训所需用品

会计数字练习用纸或空白账页、黑色字迹财会专用笔、红色字迹财会专用笔(可在更正错误时使用)。

三、实训所需相关理论知识

1. 中文大写数字及常用数位字的书写样式(见表1-2-1)

表1-2-1 中文大写数字的书写样式

种类	书写样式
基数词用字(正楷)	零、壹、贰、叁、肆、伍、陆、柒、捌、玖
基数词用字(行书)	零、壹、贰、叁、肆、伍、陆、柒、捌、玖
数位词用字(正楷)	拾、佰、仟、万、亿
数位词用字(行书)	拾、佰、仟、万、亿
金额单位词用字(正楷)	元、角、分
金额单位词用字(行书)	元、角、分
金额截止符号词用字(正楷)	整、正
金额截止符号词用字(行书)	整、正

2. 中文大写数字的书写规范

(1) 应以正楷字体或行书字体书写。如使用繁体字的，也应受理。

(2) 不得用○、一、二、三、四、五、六、七、八、九、十、另、毛等简化字代替，不得任意自造简化字。

(3) 字体要各自成形，大小均衡，排列整齐，字迹要工整、清晰。

(4) 所写文字要紧靠凭证或账表行格底线，字体高度占行格高度的1/2，不得写满格，以便留有改错的空间。

四、实训内容

(1) 将中文大写数字“零、壹、贰、叁、肆、伍、陆、柒、捌、玖、拾、佰、仟、万、亿、元、角、分、整、正”用正楷字体在既有数位格又无数位格的会计数字练习用纸(见表1-2-2)中正确、规范、工整地写出来。

表 1-2-2 既有数位格又无数位格的会计数字练习用纸

(2) 将中文大写数字“零、壹、贰、叁、肆、伍、陆、柒、捌、玖、拾、佰、仟、万、亿、元、角、分、整、正”用行书字体在既有数位格又无数位格的会计数字练习用纸(见表 1-2-3)中正确、规范、工整地写出来。

表 1-2-3 既有数位格又无数位格的会计数字练习用纸

（3）按“零、壹、贰、叁、肆、伍、陆、柒、捌、玖、拾、佰、仟、万、亿、元、角、分、整、正”的顺序将这20个中文大写数字循环往复默写，试一试每分钟能否正确、规范、工整地写出40个数字以上。注意字号不要写得过大。

五、实训心得

任务3 大小写金额书写技能实训

一、实训目标

1. 知识目标

（1）掌握小写金额的规范写法。

（2）掌握小写金额书写错误的更正方法。

（3）掌握大写金额的规范写法。

2. 技能目标

（1）能正确、规范、工整、美观、流畅地书写大小写金额。

（2）能规范更正书写错误的小写金额。

二、实训所需用品

大小写金额书写训练用纸或空白账页、黑色字迹财会专用笔、红色字迹财会专用笔（可在更正错误时使用）。

三、实训所需相关理论知识

1. 小写金额(用阿拉伯数字表示的金额)的规范写法

(1) 在无数位格的凭证、账页、报表(见表 1-3-1)上的规范写法。

① 阿拉伯金额数字前面应当书写货币币种符号或者货币名称简写的，货币币种符号和阿拉伯数字之间不得留有空白。凡阿拉伯数字前写出货币币种符号的，数字后面不再写货币单位，如￥327.23。“￥”主要用于填写凭证，在登记账簿、编制报表时，不使用“￥”。

② 以元为单位的阿拉伯数字，除表示单价等情况外，一律写到角分；没有角分的，角位和分位可写为“00”或者“-”，如￥120.00 或￥120.-；有角无分的，分位应当写出“0”，不得用“-”代替，如￥185.50。

③ 只有分位金额的，在元位和角位上各写一个“0”字并在元与角之间点一个小数点，如￥0.06。

④ 金额的整数部分，采用从右向左“三位一节”分节制进行分节，节与节之间用分节号“,”分开，也可以用一个空格(一个字符的位置)代替分节号“,”。如：￥5647108.92 可写为：￥5,647,108.92 或￥5 647 108.92。读写口诀为：个十百千万，三位分一段，一段前千位，二段前百万，三段前十亿，好读又好记。在书写分节号(,)和小数点(.)时，要注意二者要有明显的区别，为了区分“,”与“.”，在书写小数点(.)时，笔锋可以向右一些，但间隔不宜过大。

【例 1-3-1】 在无数位格的凭证、账页、报表(见表 1-3-1)上写出金额￥9,600.00、￥300.40、￥0.51 和￥0.07 对应的小写金额。

表 1-3-1　无数位格的凭证、账页、报表上小写金额书写示例

￥9,600.00 或者￥9,600.-或者￥9 600.00 或者￥9 600.-	￥300.40
￥0.51	￥0.07

(2) 在有数位格的凭证、账页、报表(见表 1-3-2)上的规范写法。

① 对应固定的位数填写，不得错位。

② 只有分位金额的，在元位和角位上均不得写“0”字。

③ 只有角位或角、分位金额的，在元位上不得写“0”字。

④ 分位是“0”的，在分位上写“0”，角、分位都是“0”的，在角、分位上各写一个“0”字。

在有数位格的凭证、账页、报表上，元位前每三位之间印有一粗线代表分节号，元位与角位之间的粗线则代表小数点，所以记数时不需要另加分节号或小数点。

【例 1-3-2】 在有数位格的凭证、账页、报表(见表 1-3-2)上写出金额￥9,600.00、￥300.40、￥0.51 和￥0.07 对应的小写金额。

表 1-3-2　有数位格的凭证、账页、报表上小写金额书写示例

亿	千	百	十	万	千	百	十	元	角	分
				¥	9	6	0	0	0	0
					¥	3	0	0	4	0
								¥	5	1
									¥	7

2. 小写金额书写错误的更正方法

(1) 记账凭证、账页、报表中出现小写金额书写错误时，不能对书写错误的地方进行涂改、挖补、刮擦，也不能用涂改液、消字药水等消除字迹后再写上正确的数字，而应采用规定的方法更正。当需要采用划线更正法更正时，要先用红色字迹的笔在书写错误的所有数字上划一条单红线，但必须使原有字迹仍可辨认，然后在错误的数字上方用纯黑墨水笔或蓝黑墨水笔或碳素墨水笔书写正确的数字，并由经办人在更正处盖章，以明确责任。如果一个完整的金额还没写完就发现数字书写错误，应该先把没写完的部分写完或用“0”把没写完的部分补齐，再用前面说的方法进行更正。

(2) 小写金额书写错误时，用划线更正法更正的示例，见图 1-3-1~图 1-3-6。

正确的更正方法										错误的更正方法									
千	百	十	万	千	百	十	元	角	分	千	百	十	万	千	百	十	元	角	分
			6	5	2	9	3	4	1					5	2				
经办人盖章			~~6~~	~~2~~	~~5~~	~~9~~	~~3~~	~~4~~	~~1~~	经办人盖章			6	~~2~~	~~5~~	9	3	4	1

图 1-3-1　小写金额书写错误，用划线更正法更正示例(1)

正确的更正方法										错误的更正方法									
千	百	十	万	千	百	十	元	角	分	千	百	十	万	千	百	十	元	角	分
			3	5	5	4	7	1	2					5		4			
经办人盖章			~~3~~	~~4~~	~~5~~	~~5~~	~~7~~	~~1~~	~~2~~	经办人盖章			3	~~4~~	5	~~5~~	7	1	2

图 1-3-2　小写金额书写错误，用划线更正法更正示例(2)

正确的更正方法										错误的更正方法									
千	百	十	万	千	百	十	元	角	分	千	百	十	万	千	百	十	元	角	分
				¥	9	2	1	7	8					¥	9	2	1	7	8
经办人盖章			~~¥~~	~~9~~	~~2~~	~~1~~	~~7~~	~~8~~	~~0~~	经办人盖章			~~¥~~	~~9~~	~~2~~	~~1~~	~~7~~	~~8~~	~~0~~

图 1-3-3　小写金额书写错误，用划线更正法更正示例(3)

正确的更正方法										错误的更正方法									
千	百	十	万	千	百	十	元	角	分	千	百	十	万	千	百	十	元	角	分
			¥	4	9	2	1	6	5				¥	4	9	2	1	6	5
经办人盖章			~~¥~~	~~4~~	~~2~~	~~9~~	~~1~~	~~6~~	~~5~~	经办人盖章			~~¥~~	~~4~~	~~2~~	~~9~~			

图 1-3-4　小写金额书写错误，用划线更正法更正示例(4)

正确的更正方法	错误的更正方法	
¥ 178.46 经办人盖章　~~¥ 187.46~~	78 经办人盖章　¥ 187.46	178.46 经办人盖章　~~¥ 187.46~~

图 1-3-5　小写金额书写错误，用划线更正法更正示例(5)

3. 大写金额(用中文大写数字表示的金额)的规范写法

(1) 在没有印中文大写金额数位“亿、仟、佰、拾、万、仟、佰、拾、元、角、分”字样的凭证(见表 1-3-3)上书写大写金额时的规范写法。

① 中文大写金额数字前应标明“人民币”字样，大写金额数字紧接“人民币”字样填写，不得留有空白。大写金额栏未印“人民币”字样的，应加填“人民币”三个字。

正确的更正方法	错误的更正方法
75,821.40 经办人盖章 ~~75,321.40~~	8 经办人盖章 75,321.40
	75,821.40(红色字迹) 经办人盖章 ~~75,321.40~~
75,821.40 经办人盖章 ~~7,821.40~~	5 经办人盖章 7,821.40
75,821.40 经办人盖章 ~~75,281.40~~	经办人盖章 75,281.40
75,821.40 经办人盖章 ~~78,821.40~~	经办人盖章 ~~78~~ 75,821.40
75,821.40 经办人盖章 ~~75,321.40~~	经办人盖章 ~~75,321.40~~ 75,821.40

图 1-3-6　小写金额书写错误，用划线更正法更正示例(6)

② 中文大写金额数字到“元”为止的，在“元”之后应写“整”或“正”字，到“角”为止的，在“角”之后可以不写“整”或“正”字。大写金额数字有“分”的，“分”后面不写“整”或“正”字。如：¥12,000.00 应写为“人民币壹万贰仟元整”；¥48,651.80 可写为“人民币肆万捌仟陆佰伍拾壹元捌角整”，或者写为“人民币肆万捌仟陆佰伍拾壹元捌角”；¥486.56 应写为“人民币肆佰捌拾陆元伍角陆分”。

③ 阿拉伯金额数字中间有“0”时，中文大写金额要写“零”字。如：¥1,409.76 应写为“人民币壹仟肆佰零玖元柒角陆分”。

④ 阿拉伯金额数字万位、元位是“0”的，或者数字中间连续有几个“0”的，万位、元位也是“0”，但千位、角位不是“0”时，中文大写金额可以只写一个“零”字，也可以不写“零”字。如：¥1,680.32 可写为“人民币壹仟陆佰捌拾元零叁角贰分”，或者写为“人民币壹仟陆佰捌拾元叁角贰分”；¥97,000.53 可写为“人民币玖万柒仟元零伍角叁分”，或者写为“人民币玖万柒仟元伍角叁分”；¥107,008.53 可写为“人民币壹拾万零柒仟零捌元伍角叁分”，或者写为“人民币壹拾万柒仟零捌元伍角叁分”。

⑤ 当阿拉伯金额数字角位是“0”，而分位不是“0”时，中文大写金额“元”后面应写“零”字。如：¥6,409.02 应写为“人民币陆仟肆佰零玖元零贰分”；¥325.04 应写为“人

民币叁佰贰拾伍元零肆分”。

⑥ 阿拉伯金额数字最高位是“1”的，中文大写金额加写“壹”字。如：¥15.83 应写为“人民币壹拾伍元捌角叁分”，¥135,800.00 应写为“人民币壹拾叁万伍仟捌佰元整”。

【例 1-3-3】 在没有印中文大写金额数位“亿、仟、佰、拾、万、仟、佰、拾、元、角、分”字样的凭证（见表 1-3-3）上写出金额 ¥9,600.00、¥300.40、¥0.51 和 ¥0.07 对应的大写金额。

表 1-3-3 没有印中文大写金额数位的大写金额的书写示例

小写金额	大写金额
¥9,600.00	人民币玖仟陆佰元整
¥300.40	人民币叁佰元零肆角整，或者人民币叁佰元零肆角，或者人民币叁佰元肆角整，或者人民币叁佰元肆角
¥0.51	人民币伍角壹分
¥0.07	人民币柒分

（2）在印有中文大写金额数位“亿、仟、佰、拾、万、仟、佰、拾、元、角、分”字样的凭证（见表 1-3-4）上书写大写金额时的规范写法。

在印有中文大写金额数位“亿、仟、佰、拾、万、仟、佰、拾、元、角、分”字样的凭证上书写大写金额时，金额前面如有空位，可以“×”或“⊗”或“零”字注销，阿拉伯金额数字中间有几个“0”（含分位），中文大写金额就写几个“零”字。如：¥100.50 可写为“**人民币**×**万**×**仟**壹**佰**零**拾**零**元**伍**角**零**分**”，或者写为“**人民币**⊗**万**⊗**仟**壹**佰**零**拾**零**元**伍**角**零**分**”，或者写为“**人民币**零**万**零**仟**壹**佰**零**拾**零**元**伍**角**零**分**”。（注：加粗的字体表示事先印好的字）

【例 1-3-4】 在印有中文大写金额数位“亿、仟、佰、拾、万、仟、佰、拾、元、角、分”字样的凭证（见表 1-3-4）上写出金额 ¥9,600.00、¥300.40、¥0.51 和 ¥0.07 对应的大写金额。

表 1-3-4 印有中文大写金额数位的大写金额的书写示例

小写金额	大写金额
¥9,600.00	**人民币**零**拾**零**万**玖**仟**陆**佰**零**拾**零**元**零**角**零**分**，或者**人民币**×**拾**×**万**玖**仟**陆**佰**零**拾**零**元**零**角**零**分**，或者**人民币**⊗**拾**⊗**万**玖**仟**陆**佰**零**拾**零**元**零**角**零**分**

续表

小写金额	大写金额
¥300.40	**人民币零拾零万零仟**叁**佰**零**拾**零**元**肆**角**零**分**，或者**人民币**×**拾**×**万**×**仟**叁**佰**零**拾**零**元**肆**角**零**分**，或者**人民币**⊗**拾**⊗**万**⊗**仟**叁**佰**零**拾**零**元**肆**角**零**分**
¥0.51	**人民币零拾零万零仟零佰零拾零元**伍**角**壹**分**，或者**人民币**×**拾**×**万**×**仟**×**佰**×**拾**×**元**伍**角**壹**分**，或者**人民币**⊗**拾**⊗**万**⊗**仟**⊗**佰**⊗**拾**⊗**元**伍**角**壹**分**
¥0.07	**人民币零拾零万零仟零佰零拾零元零角**柒**分**，或者**人民币**×**拾**×**万**×**仟**×**佰**×**拾**×**元**×**角**柒**分**，或者**人民币**⊗**拾**⊗**万**⊗**仟**⊗**佰**⊗**拾**⊗**元**⊗**角**柒**分**

注：表 1-3-4 中“大写金额”栏中加粗的字体表示事先印好的字。

4. 中文大写金额书写中常见错误(见表 1-3-5)

表 1-3-5 中文大写金额正确写法与错误写法对照表

小写金额	中文大写金额		
	错误写法	正确写法	错误原因
¥500.00	人民币：伍佰元整	人民币伍佰元整	“人民币”后多写冒号
¥8.00	人民币捌元	人民币捌元整	少写“整”字
¥0.02	人民币　贰分	人民币贰分	“人民币”与第一个大写数字之间空位过大
¥25.08	人民币贰拾伍元捌分	人民币贰拾伍元零捌分	少写“零”字
¥10.00	人民币拾元整	人民币壹拾元整	少写“壹”字
¥41.70	人民币肆拾壹元柒角零分	人民币肆拾壹元柒角整，或者人民币肆拾壹元柒角	多写“零分”两字
¥90.45	人民币玖拾零元肆角伍分	人民币玖拾元零肆角伍分，或者人民币玖拾元肆角伍分	“零”的位置不对
¥300.00	叁佰元整	人民币叁佰元整	少写“人民币”
¥64.31	人民币陆拾肆叁角壹分	人民币陆拾肆元叁角壹分	少写“元”字

5. 中文大写金额书写错误的更正方法

中文大写金额主要在填写需要防止涂改的销货发票、银行结算凭证、收据、存单等各种重要的凭证时使用。因此，在书写时不能写错。如果写错，则本张凭证作废，需重新填制。作废的凭证要妥善保管，不能随便丢弃。如其他原因不能更换写错凭证时，应采用划线更正法更正写错的中文大写金额，具体要求及注意事项与小写金额书写错误时使用划线更正法相同。

6. 大小写金额书写示例

大小写金额书写如表 1-3-6 所示。

表 1-3-6　大小写金额书写示例

小写金额								大写金额
无数位格	有数位格							
	万	千	百	十	元	角	分	
¥0.08						¥	8	人民币捌分
								人民币×万×仟×佰×拾×元×角捌分
¥0.60					¥	6	0	人民币陆角，或者人民币陆角整
								人民币×万×仟×佰×拾×元陆角零分
¥2.00				¥	2	0	0	人民币贰元整
								人民币×万×仟×佰×拾贰元零角零分
¥17.08			¥	1	7	0	8	人民币壹拾柒元零捌分
								人民币×万×仟×佰壹拾柒元零角捌分
¥630.06		¥	6	3	0	0	6	人民币陆佰叁拾元零陆分
								人民币×万×仟陆佰叁拾零元零角陆分

续表

<table>
<tr><th colspan="8">小写金额</th><th rowspan="3">大写金额</th></tr>
<tr><th rowspan="2">无数位格</th><th colspan="7">有数位格</th></tr>
<tr><th>万</th><th>千</th><th>百</th><th>十</th><th>元</th><th>角</th><th>分</th></tr>
<tr><td rowspan="2">¥4,020.70</td><td rowspan="2">¥</td><td rowspan="2">4</td><td rowspan="2">0</td><td rowspan="2">2</td><td rowspan="2">0</td><td rowspan="2">7</td><td rowspan="2">0</td><td>人民币肆仟零贰拾元柒角，或者人民币肆仟零贰拾元柒角整，或者人民币肆仟零贰拾元零柒角，或者人民币肆仟零贰拾元零柒角整</td></tr>
<tr><td>人民币×万肆仟零佰贰拾零元柒角零分</td></tr>
<tr><td rowspan="2">¥5,006.09</td><td rowspan="2">¥</td><td rowspan="2">5</td><td rowspan="2">0</td><td rowspan="2">0</td><td rowspan="2">6</td><td rowspan="2">0</td><td rowspan="2">9</td><td>人民币伍仟零陆元零玖分</td></tr>
<tr><td>人民币×万伍仟零佰零拾陆元零角玖分</td></tr>
<tr><td rowspan="2">¥3,000.40</td><td rowspan="2">¥</td><td rowspan="2">3</td><td rowspan="2">0</td><td rowspan="2">0</td><td rowspan="2">0</td><td rowspan="2">4</td><td rowspan="2">0</td><td>人民币叁仟元零肆角，或者人民币叁仟元零肆角整，或者人民币叁仟元肆角，或者人民币叁仟元肆角整</td></tr>
<tr><td>人民币×万叁仟零佰零拾零元肆角零分</td></tr>
</table>

注：表 1-3-6 中“大写金额”栏中加粗的字体表示事先印好的字。

四、实训内容

(1) 把表 1-3-7 中左列的小写金额按“三位分节制”分节后重新书写在右列中。

表 1-3-7 小写金额分节练习

分节前的小写金额	分节后的小写金额
66600000.00	
684300.20	
52076008.01	
74009002.16	
14607820.00	
32000764.29	
40069002.80	
674558720.05	
3064238.00	
82530709.63	

(2) 将表 1-3-8 中各小写金额，按书写规范分别填入表 1-3-9 所示的空白账页内。

表 1-3-8 小写金额

一	二	三
706,452.60	0.30	81,543.76
5,167,082.00	6,273.49	150,964.00
0.01	35,978.01	5,431,092.83
9,052,146.07	240,251.00	7,461.50
3,759.14	696,041.80	0.20
530,462.09	1,723.65	29,175.04
4,712,350.68	0.07	5,283.90
16,207.00	8,601.79	0.09
7,238,014.29	8,213,914.20	6,785.01
0.50	685,301.00	3,747,692.00

表 1-3-9 空白账页

一									二									三								
百	十	万	千	百	十	元	角	分	百	十	万	千	百	十	元	角	分	百	十	万	千	百	十	元	角	分

（3）购置账页（建议购置十三栏式等多栏式账页），自编金额并将其小写金额按书写规范分别填入账页金额栏内。

（4）请按要求，用划线更正法规范更正表 1-3-10 中书写错误的小写金额。

表 1-3-10 用划线更正法更正书写错误的小写金额练习

<table>
<tr><td colspan="8">练习一</td><td colspan="7">练习二</td><td rowspan="2">要求</td></tr>
<tr><td>十</td><td>万</td><td>千</td><td>百</td><td>十</td><td>元</td><td>角</td><td>分</td><td>万</td><td>千</td><td>百</td><td>十</td><td>元</td><td>角</td><td>分</td></tr>
<tr><td>4</td><td>5</td><td>1</td><td>9</td><td>3</td><td>0</td><td>8</td><td>2</td><td></td><td>¥</td><td>3</td><td>2</td><td>8</td><td>5</td><td>6</td><td>将练习一的 82 改为 67
将练习二的 32 改为 74</td></tr>
<tr><td></td><td>3</td><td>6</td><td>9</td><td>4</td><td>0</td><td>5</td><td>0</td><td>¥</td><td>5</td><td>9</td><td>6</td><td>4</td><td>3</td><td>5</td><td>将练习一的 369 改为 257
将练习二的 96 改为 00</td></tr>
<tr><td></td><td>¥</td><td>7</td><td>8</td><td>4</td><td>6</td><td>3</td><td>9</td><td>9</td><td>2</td><td>8</td><td>1</td><td>0</td><td>0</td><td>6</td><td>将练习一的 639 改为 572
将练习二的 281 改为 357</td></tr>
<tr><td></td><td></td><td></td><td>¥</td><td>9</td><td>2</td><td>0</td><td>7</td><td></td><td></td><td>5</td><td>9</td><td>8</td><td>4</td><td>3</td><td>将练习一的 20 改为 35
将练习二的 9843 改为 6739</td></tr>
<tr><td></td><td></td><td></td><td></td><td></td><td>8</td><td>0</td><td>1</td><td></td><td></td><td>¥</td><td>1</td><td>7</td><td>5</td><td>3</td><td>将练习一的 8 改为 7
将练习二的 1、3 改为 2、4</td></tr>
<tr><td colspan="8">¥581.26</td><td colspan="7">3,700.00</td><td>将练习一的 5 改为 7
将练习二的 3 改为 8</td></tr>
<tr><td colspan="8">4,705.03</td><td colspan="7">¥549,007.20</td><td>将练习一的 5 改为 6
将练习二的 54 改为 45</td></tr>
<tr><td colspan="8">¥9,008,660.51</td><td colspan="7">74,000.80</td><td>将练习一的 51 改为 67
将练习二的 74 改为 47</td></tr>
<tr><td colspan="8">0.48</td><td colspan="7">¥709,203.06</td><td>将练习一的 8 改为 6
将练习二的 7、6 改为 1、8</td></tr>
<tr><td colspan="8">¥554.20</td><td colspan="7">¥0.08</td><td>将练习一的 20 改为 37
将练习二的 8 改为 6</td></tr>
</table>

（5）根据金额大小写一致的要求，将表 1-3-11 中的小写金额转写为没有印中文大写金额数位“亿、仟、佰、拾、万、仟、佰、拾、元、角、分”字样的大写金额及印有中文大写金额数位“亿、仟、佰、拾、万、仟、佰、拾、元、角、分”字样的大写金额。

表 1-3-11　小写金额转写为大写金额

序号	小写金额	大写金额
1	¥39,802.57	人民币 亿 仟 佰 拾 万 仟 佰 拾 元 角 分
2	¥62,700,000.00	人民币 亿 仟 佰 拾 万 仟 佰 拾 元 角 分
3	¥891.50	人民币 亿 仟 佰 拾 万 仟 佰 拾 元 角 分
4	¥70,938.52	人民币 亿 仟 佰 拾 万 仟 佰 拾 元 角 分
5	¥903,024.38	人民币 亿 仟 佰 拾 万 仟 佰 拾 元 角 分
6	¥89,716.04	人民币 亿 仟 佰 拾 万 仟 佰 拾 元 角 分
7	¥57,102,000.00	人民币 亿 仟 佰 拾 万 仟 佰 拾 元 角 分
8	¥29,470.50	人民币 亿 仟 佰 拾 万 仟 佰 拾 元 角 分
9	¥258,000.00	人民币 亿 仟 佰 拾 万 仟 佰 拾 元 角 分
10	¥84,523.67	人民币 亿 仟 佰 拾 万 仟 佰 拾 元 角 分
11	¥41,829.28	人民币 亿 仟 佰 拾 万 仟 佰 拾 元 角 分
12	¥90,006.50	人民币 亿 仟 佰 拾 万 仟 佰 拾 元 角 分
13	¥53,108,000.00	人民币 亿 仟 佰 拾 万 仟 佰 拾 元 角 分

续表

序号	小写金额	大写金额
14	¥107,069.03	
		人民币 亿 仟 佰 拾 万 仟 佰 拾 元 角 分
15	¥703.020.60	
		人民币 亿 仟 佰 拾 万 仟 佰 拾 元 角 分

（6）在大小写金额书写训练用纸（见表 1-3-12）中，将下面所给的金额分别写出其无数位格的小写金额、有数位格的小写金额、没有印中文大写金额数位的大写金额和印有中文大写金额数位的大写金额。

¥683.28；¥2 400.00；¥9 506.03；¥118 002.20；¥7 600.30；¥1 003 650.60；¥21 000.80；¥0.36；¥207 302.04；¥40 009.27；¥112.70；¥0.07；¥160.76；¥34 360.02；¥120.00；¥107 000.50；¥532.00。

表 1-3-12 大小写金额书写训练用纸

小写金额												大写金额
无数位格	有数位格											
	亿	千	百	十	万	千	百	十	元	角	分	
												人民币 亿 仟 佰 拾 万 仟 佰 拾 元 角 分
												人民币 亿 仟 佰 拾 万 仟 佰 拾 元 角 分
												人民币 亿 仟 佰 拾 万 仟 佰 拾 元 角 分
												人民币 亿 仟 佰 拾 万 仟 佰 拾 元 角 分
												人民币 亿 仟 佰 拾 万 仟 佰 拾 元 角 分

续表

小写金额												大写金额
无数位格	有数位格											
	亿	千	百	十	万	千	百	十	元	角	分	
												人民币 亿 仟 佰 拾 万 仟 佰 拾 元 角 分
												人民币 亿 仟 佰 拾 万 仟 佰 拾 元 角 分
												人民币 亿 仟 佰 拾 万 仟 佰 拾 元 角 分
												人民币 亿 仟 佰 拾 万 仟 佰 拾 元 角 分
												人民币 亿 仟 佰 拾 万 仟 佰 拾 元 角 分
												人民币 亿 仟 佰 拾 万 仟 佰 拾 元 角 分
												人民币 亿 仟 佰 拾 万 仟 佰 拾 元 角 分
												人民币 亿 仟 佰 拾 万 仟 佰 拾 元 角 分
												人民币 亿 仟 佰 拾 万 仟 佰 拾 元 角 分
												人民币 亿 仟 佰 拾 万 仟 佰 拾 元 角 分
												人民币 亿 仟 佰 拾 万 仟 佰 拾 元 角 分
												人民币 亿 仟 佰 拾 万 仟 佰 拾 元 角 分

(7) 自编金额并在大小写金额书写训练用纸(见表 1-3-13)中分别写出其无数位格的小写金额、有数位格的小写金额、没有印中文大写金额数位的大写金额和印有中文大写金额数位的大写金额。

表 1-3-13 大小写金额书写训练用纸

小写金额												大写金额
无数位格	有数位格											
	亿	千	百	十	万	千	百	十	元	角	分	
												人民币 亿 仟 佰 拾 万 仟 佰 拾 元 角 分
												人民币 亿 仟 佰 拾 万 仟 佰 拾 元 角 分
												人民币 亿 仟 佰 拾 万 仟 佰 拾 元 角 分
												人民币 亿 仟 佰 拾 万 仟 佰 拾 元 角 分
												人民币 亿 仟 佰 拾 万 仟 佰 拾 元 角 分
												人民币 亿 仟 佰 拾 万 仟 佰 拾 元 角 分
												人民币 亿 仟 佰 拾 万 仟 佰 拾 元 角 分

续表

小写金额												大写金额
无数位格	有数位格											
	亿	千	百	十	万	千	百	十	元	角	分	
												人民币 亿 仟 佰 拾 万 仟 佰 拾 元 角 分
												人民币 亿 仟 佰 拾 万 仟 佰 拾 元 角 分
												人民币 亿 仟 佰 拾 万 仟 佰 拾 元 角 分
												人民币 亿 仟 佰 拾 万 仟 佰 拾 元 角 分
												人民币 亿 仟 佰 拾 万 仟 佰 拾 元 角 分
												人民币 亿 仟 佰 拾 万 仟 佰 拾 元 角 分
												人民币 亿 仟 佰 拾 万 仟 佰 拾 元 角 分
												人民币 亿 仟 佰 拾 万 仟 佰 拾 元 角 分
												人民币 亿 仟 佰 拾 万 仟 佰 拾 元 角 分

（8）根据金额大小写一致的要求，将小写金额“￥9,876,543,210.00”与其对应的大写金额“人民币玖拾捌亿柒仟陆佰伍拾肆万叁仟贰佰壹拾元整”每天最少各默写 10 遍，要求书写正确、规范、工整、美观、流畅。

（9）根据金额大小写一致的要求，将表 1-3-14 中的大写金额转写为小写金额。

表 1-3-14　大写金额转写为小写金额

序号	大写金额	小写金额											
		无数位格	有数位格										
			亿	千	百	十	万	千	百	十	元	角	分
1	人民币叁拾陆元柒角伍分												
2	人民币捌仟贰佰零贰万零玖拾陆元整												
3	人民币贰角叁分												
4	人民币玖万伍仟肆佰零贰元柒角叁分												
5	人民币玖仟捌佰万伍仟柒佰肆拾贰元整												
6	人民币壹佰捌拾元陆角肆分												
7	人民币陆角												
8	人民币捌拾叁万零陆佰壹拾捌元柒角整												
9	人民币叁万叁仟伍佰陆拾元贰角捌分												
10	人民币陆拾柒万零贰佰零伍元零壹分												
11	人民币肆分												
12	人民币陆仟肆佰贰拾玖万零贰佰叁拾伍元柒角												
13	人民币壹拾伍万零肆拾壹元整												

五、实训心得

任务4 中文大写日期书写技能实训

一、实训目标

1. 知识目标

掌握中文大写日期的规范写法。

2. 技能目标

能正确、规范、工整、美观、流畅地书写中文大写日期。

二、实训所需用品

实训题纸、黑色字迹财会专用笔、红色字迹财会专用笔(可在更正错误时使用)。

三、实训所需相关理论知识

1. 年份的书写

年份按照公历习惯以中文大写数字完整书写，如："2019 年"的大写为"贰零壹玖年"。

2. 月份的书写

(1) 1 月、2 月和 10 月，应在月份前加写"零"字，即："1 月"的大写应为"零壹月"；"2 月"的大写应为"零贰月"；"10 月"的大写应为"零壹拾月"。

(2) 3~9 月，不需要在月份前加写"零"字，直接书写，如："3 月"的大写为"叁月"。

(3) 11 月和 12 月，应在其前加写"壹"字，即："11 月"的大写应为"壹拾壹月"；"12 月"的大写应为"壹拾贰月"。

3. 日数的书写

(1) 1~9 日和 10 日、20 日、30 日，应在其前加写“零”字，即：“1~9 日”大写应为“零壹~零玖日”；“10 日”的大写应为“零壹拾日”；“20 日”的大写应为“零贰拾日”；“30 日”的大写应为“零叁拾日”。

(2) 11~19 日，应在其前加写“壹”字，即：“11~19 日”的大写应为“壹拾壹~壹拾玖日”。

(3) 21~29 日和 31 日，不需要在日数前加写“零”字，直接书写，如：“21 日”的大写为“贰拾壹日”。

四、实训内容

(1) 写出下列小写日期的大写日期。

2020 年 1 月 5 日　　大写：________________

2020 年 6 月 13 日　　大写：________________

2020 年 10 月 30 日　　大写：________________

2020 年 9 月 20 日　　大写：________________

2021 年 11 月 30 日　　大写：________________

2021 年 12 月 28 日　　大写：________________

2021 年 11 月 21 日　　大写：________________

2021 年 12 月 31 日　　大写：________________

2021 年 5 月 17 日　　大写：________________

2021 年 7 月 16 日　　大写：________________

2022 年 11 月 12 日　　大写：________________

2022 年 10 月 10 日　　大写：________________

2022 年 12 月 30 日　　大写：________________

2022 年 1 月 9 日　　大写：________________

2022 年 2 月 8 日　　大写：________________

（2）将表 1-4-1 中的小写日期用中文大写表示出来。

表 1-4-1　中文大写日期的书写实训练习

2023 年 1 月			大写：			
日	一	二	三	四	五	六
1	2	3	4	5	6	7
8	9	10	11	12	13	14
15	16	17	18	19	20	21
22	23	24	25	26	27	28
29	30	31	—	—	—	—
			—	—	—	—

（3）2022 年 2 月 10 日，北京光明实业公司开出 8,000 元的现金支票一张，从银行提取备用金，请将出票日期和金额分别填入现金支票正面的日期栏和金额栏内。

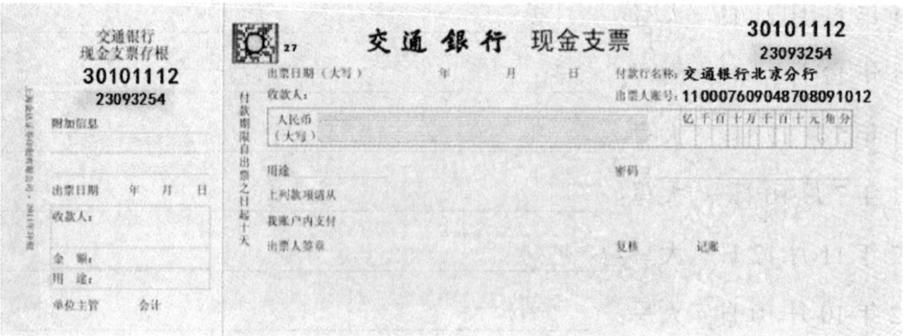
交通银行
现金支票存根
30101112
23093254
附加信息
出票日期　年　月　日
收款人：
金　额：
用　途：
单位主管　会计

交通银行　现金支票　30101112　23093254
出票日期（大写）　年　月　日　付款行名称：交通银行北京分行
收款人：　出票人账号：110007609048708091012
付款期限自出票之日起十天
人民币（大写）　亿 千 百 十 万 千 百 十 元 角 分
用途　密码
上列款项请从
我账户内支付
出票人签章　复核　记账

（4）购置实训用现金支票，自编金额和日期并将其按书写规范分别填入现金支票正面的日期栏和金额栏内。

五、实训心得

模块二

财经计算工具操作技能实训

任务1 电子计算器操作技能实训

一、实训目标

1. 知识目标

（1）了解电子计算器的检验方法。

（2）了解电子计算器运算方法的识别方法。

（3）了解电子计算器常用键的功能。

（4）掌握电子计算器的基本操作要领。

（5）掌握电子计算器常用键的功能应用场景。

（6）了解电子计算器的维护方法。

2. 技能目标

（1）会进行电子计算器的检验。

（2）会识别电子计算器的运算方法。

（3）能准确、快速地找键。

（4）能用规范的手法操作电子计算器。

（5）能正确使用电子计算器常用键的功能。

(6) 能使用电子计算器准确、快速地进行加、减、乘、除运算。

(7) 会维护电子计算器。

二、实训所需用品

电子计算器、黑色字迹财会专用笔、红色字迹财会专用笔(可在更正错误时使用)、空白书写用纸。

三、实训所需相关理论知识

1. 计算器的检验

(1) 屏幕好坏检验。

打开计算器开关，连续按 8 直至屏幕满，此操作可检验计算器的数字显示是否完整、清晰，从而判断计算器的屏幕是否完好。

(2) 按键灵敏性检验。

轻按各个键 4 个角，检验按键是否灵敏，按正中间检验计算器的复位是否良好；按一个数后，连续按“=”键，看屏幕数字是否会变，屏幕数字不变是好的。

(3) 计算器准确性检验。

连续按 1 满屏，除以 9，看结果是否是有规律的一串数字，例如：111，111，111，111÷9=12，345，679，012.3，此方法可检验计算的正确性。

2. 计算器的运算方法的识别

在使用计算器前，首先要知道计算器的运算方法。对于不熟悉的计算器，要仔细阅读说明书，掌握其功能、符号及操作方法。有些计算器是按照法则进行运算的，不论输入的数据及运算符号顺序如何都将按照数的运算法则进行运算，如先乘、除后加、减，如 1+2×3=7；有些计算器则是按照顺序进行运算的，即按照输入数据和符号的顺序进行运算，如 1+2×3=9。可见二者的运算结果是完全不同的，以上例子可以用来判断计算器的运算规律。目前，市场上销售的计算器多数是按照顺序进行运算的。

3. 简单型电子计算器(见图 2-1-1)常用键的功能(见表 2-1-1)

图 2-1-1　简单型计算器

表 2-1-1　简单型电子计算器常用键的功能说明

按键	键位名称	功能
ON/AC	电源开启键/清除键	按下此键即接通电源或清除计算器内存所有内容。
OFF	电源关闭键	按下此键切断电源。
M+	累加键	将输入的数或运算过程中的中间结果进行累加，即将输入的数字或运算的中间结果存入存储器，然后与存储器中原有的数相加。
M-	累减键	将输入的数或运算过程中的中间结果进行累减，即将输入的数字或运算的中间结果存入存储器，然后从存储器中原有的数中减去后输入的数字或运算的中间结果。
MRC	存储读出和清除键	第一次按此键显示存储数，第二次按此键从存储器中删除存储数。
GT	总和计算键	按一次此键可以将按了等号后的数值进行累加并显示总和，再按一次可清除总和。
0~9	数字键	用于输入计算所需要的数字，每按一次(个)键，就输入一位数字。
00	快速增零键	每按一次输入两个零。
.	小数点键	用于输入小数点。
+、-、×、÷	运算键	用来进行基本的加、减、乘、除运算。在显示结果时，加、减、乘、除键都可代替等号键。
=	等号键	在各项运算后按此键，可得出运算结果。
%	百分比键	用来进行百分比运算。先输入数字，按此键后可直接显示出结果。

续表

按键	键位名称	功能
→	退位键	按此键可清除显示屏上末位数字。
CE	部分清除键(或更正键)	按此键可清除当前输入的数字，而不清除以前输入的数。如刚输入的数字有误，立即按此键可清除，待输入正确的数字后，原运算继续进行。值得注意的是，在输入数字后，如果已经按了“+”“-”“×”“÷”键的，再按“CE”键，数字不能清除。

4. 计算器的基本操作要领

(1) 坐姿端正。

在操作计算器时，坐姿要端正，身体稍前倾，两腿自然放平。

(2) 握笔正确。

操作中将笔横握在右手掌心(见图 2-1-2)，书写端朝向右侧(见图 2-1-3)，操作中靠大拇指和小拇指控笔，即当小拇指按键时，由大拇指控笔，当大拇指按键时，由小拇指控笔，运算时养成良好的握笔习惯，以便及时记录计算结果，节省拿笔、放笔时间，提高工作效率。

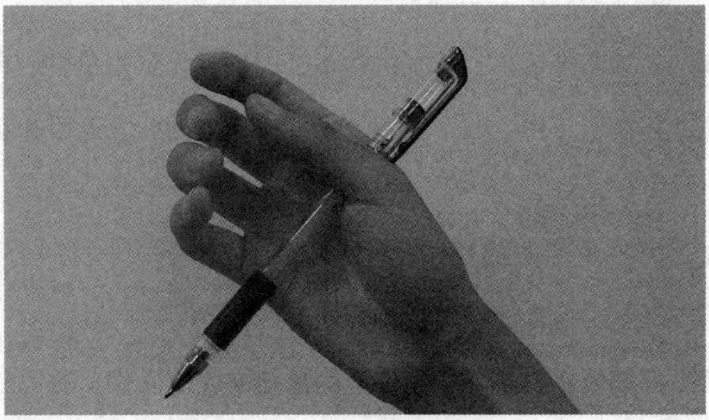

图 2-1-2 笔横握在右手掌心

(3) 指法规范。

计算器的操作指法就是将计算器的各个基本键位固定地分配给五个手指。具体分配见表 2-1-2。

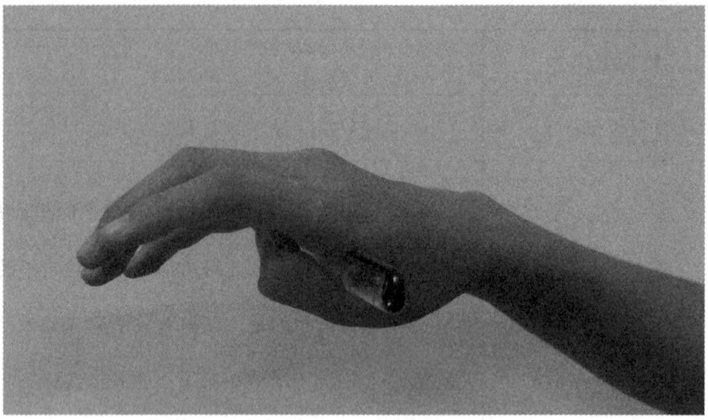

图 2-1-3　笔的书写端朝向右侧

表 2-1-2　计算器的操作指法

指法	键位
大拇指	握笔
食指	负责 0、1、4、7
中指	负责 00、2、5、8
无名指	负责 .、3、6、9
小拇指	+、-、×、÷、=

注意："4""5""6"为基准键位，分别由食指、中指、无名指负责。在进行运算前，手指要放在基准键位上；在运算中，五个手指分工合作，击键后应返回基准键位。

小提示：

① 在击键的过程中，右手的放置位置有两种情况：

第一种：右手腕悬空，操作时手掌上下移动。

第二种：右手掌根部放在桌子上，靠手指的移动来完成操作。

② 正确指法五要点

a. 各手指要放在基准键上，输入数字时，每个手指只负责相应的几个键，不要混淆。

b. 手腕平直，手指弯曲自然，击键只限于手指指尖，身体其他部分不要接触工作台或键盘。

c. 输入时，手稍微抬起，只有要击键的手指才伸出击键，击完后立即收回，停留在基准键上。

d. 击键力度要均匀，用力不能过轻，有节奏感，不可用力过猛。

e. 在击键时，必须依靠手指和手腕的灵活运动，不能靠整个手臂的运动来打。

【例 2-1-1】 输入数字：5,728.94

输入的手指分工如下：

5(用中指)、7(用食指)、2(用中指)、8(用中指)、.(用无名指)、9(用无名指)、4(用食指)。

(4) 看数准确。

在计算器上击键时采用分节看数，一次看三位，左手的食指要配合指向正在输入的数字节，即“分节看数，分节指数”。

(5) 书写迅速。

计算完一组数据，书写答案时要眼看显示屏，手迅速书写数据，做到“看屏不看笔”。

5. 简单型电子计算器常用按键应用举例

(1) 一步运算类。

【例 2-1-2】 加法运算：27+9=36

操作顺序：27 [+] 9 [=]

显示结果：36

【例 2-1-3】 减法运算 48-36=12

操作顺序：48 [-] 36 [=]

显示结果：12

【例 2-1-4】 乘法运算 15×2=30

操作顺序：15 [×] 2 [=]

显示结果：30

【例 2-1-5】 除法运算 54÷18=3

操作顺序：54 [÷] 18 [=]

显示结果：3

(2) 多步混合运算类。

此类运算需要考虑输入顺序。

【例 2-1-6】 加减运算：17+20-36=1，按算式顺序输入

操作顺序：17 [+] 20 [-] 36 [=]

显示结果：1

【例 2-1-7】 乘除运算：13×8÷4=26，按算式顺序输入

操作顺序：13 [×] 8 [÷] 4 [=]

显示结果：26

【例 2-1-8】 加减乘除运算：27+5×9=72，先乘除后加减

操作顺序：5 [×] 9 [+] 27 [=]

显示结果：72

【例 2-1-9】 加减乘除运算：3×(17-8)=27，先括号内后括号外

操作顺序：17 [-] 8 [×] 3 [=]

显示结果：27

(3) 改错、删除类。

【例 2-1-10】 改错类：142+14 改为：142+23=165

操作顺序：142 [+] 14 [CE] 23 [=]

显示结果：165

【例 2-1-11】 删除类：1234567 改为：12345

操作顺序：1234567 [→]　　显示结果：123456

[→]　　显示结果：12345

(4) 百分比运算类。

【例 2-1-12】 260×32%=83.2

操作顺序：260 [×] 32 [%]

显示结果：83.2

【例 2-1-13】 300÷150%=200

操作顺序：300 [÷] 150 [%]

显示结果：200

(5) 加成运算。

【例 2-1-14】 120+120×35%＝162

操作顺序：120 [+] 35 [%]

显示结果：162

(6) 折扣运算。

【例 2-1-15】 120-120×35%＝78

操作顺序：120 [-] 35 [%]

显示结果：78

(7) 累计与存储类运算。

【例 2-1-16】 利用存储功能将下列算式的计算结果累计起来：

28+49＝77、16×9＝144、-128÷16＝-8

操作顺序：28 [+] 49 [M+]　　显示结果：M　77

16 [×] 9 [M+]　　显示结果：M　144

128 [÷] 16 [M-]　　显示结果：M　8

[MRC]　　显示结果：M　213

【例 2-1-17】 累计与存储运算：(18+25)×(32+41)＝3,139

操作顺序：18 [+] 25 [M+]　　显示结果：M　43

32 [+] 41 [×]　　显示结果：M　73

[MRC] ＝　　显示结果：M　3,139

【例 2-1-18】 利用 GT 功能将下列算式的计算结果累计起来：

0.5×10＝5、10×20＝200、50×30＝1,500

操作顺序：0.5 [×] 10＝　　显示结果：5

10 [×] 20＝　　显示结果：200

50 [×] 30=　　　　　　　显示结果：1,500

[GT]　　　　　　　　　显示结果：1,705

6. 计算器的维护

（1）计算器的日常维护。

在使用计算器之前应仔细阅读说明书，了解计算器使用环境和条件，如温度、湿度等具体要求，正确的维护可以延长计算器的使用寿命。计算器一般要求防摔、防压、防振、防潮、防尘、防高温、防金属粉末的侵入，以免发生电路短路。对计算器除尘时，宜用柔软的干布擦拭，不能用溶液洗或湿布擦拭。

（2）计算器的能源维护。

使用计算器时要了解计算器电池的规格及性能，检查电池的电量。如果显示屏显示的数字明显暗淡，则电量不足，会造成计算错误，应及时更换新的电池。停止使用时，注意及时按关闭键，节省用电。如果长期不使用，应取出电池，否则电池腐蚀，会造成计算器的损坏。

四、实训内容

（1）定数连加连减练习。

要求：①定时不定量训练，每次以 1 分钟为单位计时，平均每秒能按两个数字键为及格；②定量不定时训练，每次以连加某数 10 遍、20 遍或 100 遍为单位，计算需要多长时间，比较本次比前次是否有进步。

① 连加 1 与连减 1：1+1+1+…+1-1-1-1-…-1=0

② 连加 2 与连减 2：2+2+2+…+2-2-2-2-…-2=0

③ 连加 3 与连减 3：3+3+3+…+3-3-3-3-…-3=0

④ 连加 4 与连减 4：4+4+4+…+4-4-4-4-…-4=0

⑤ 连加 5 与连减 5：5+5+5+…+5-5-5-5-…-5=0

⑥ 连加 6 与连减 6：6+6+6+…+6-6-6-6-…-6=0

⑦ 连加 7 与连减 7：7+7+7+…+7-7-7-7-…-7=0

⑧ 连加 8 与连减 8：8+8+8+…+8-8-8-8-…-8=0

⑨ 连加 9 与连减 9：9+9+9+…+9-9-9-9-…-9=0

（2）"625"连加连减练习。

先将 625 连加 4 遍为 2,500，连加 8 遍为 5,000，连加 12 遍为 7,500；连加 16 遍，得数是 10,000；然后连减 16 遍，结果是 0。

（3）"16,835"连加连减练习。

先将 16,835 连加 3 遍，得数是 50,505；连加 6 遍，得数是 101,010；连加 9 遍，得数是 151,515；连加 12 遍，得数是 202,020；连加 15 遍，得数是 252,525。反过来，用得数减去 16,835 若干遍，直到结果为 0。

（4）定量不定时练习。

将下列各题计时练习一遍。要求先准后快、快中见准、准中求快，逐步进行"盲打"。每做完一题后学生举手，教师报时并记录完成时间。

① 加减 666 练习。

1+2+3+…+36=666　　　　666-1-2-3-…-36=0

达标速度标准：要求 30 秒内准确完成。

② 加减百子练习。

1+2+3+…+100=5,050　　　　5,050-1-2-3-…-100=0

为了便于分段检查，其各段加和减的得数列如表 2-1-3 所示。

表 2-1-3　各段加和减的得数列

加到的数	10	20	30	40	50	60	70	80	90	100
和	55	210	465	820	1,275	1,830	2,485	3,240	4,095	5,050
减到的数	10	20	30	40	50	60	70	80	90	100
差	4,995	4,840	4,585	4,230	3,775	3,220	2,565	1,810	955	0

考核标准：①加百子达标速度标准：80~100 秒为及格，60~79 秒为良好，60 秒以下为优秀；②减百子达标速度标准：120~140 秒为及格，90~119 秒为良好，90 秒以下为优秀。

（5）把 123,456,789 连加 9 次，和为 1,111,111,101，随后再逐笔减 123,456,789，直至减完为 0。

（6）把 1,234,567,890 连加 9 次，和为 11,111,111,010，随后再逐笔减 1,234,567,890，直至减完为 0。

（7）把 987,654,321 连加 9 次，和为 8,888,888,889，随后再逐笔减 987,654,321，直至减完为 0。

（8）把 9,876,543,210 连加 9 次，和为 88,888,888,890，随后再逐笔减 9,876,543,210，直至减完为 0。

（9）1,020,304,050 连续加 10 次，随后再逐笔减 1,020,304,050，直至减完为零。

（10）(123+456+789)+(123+456+789)+(123+456+789)+(123+456+789)=

（11）(147+258+369)+(147+258+369)+(147+258+369)+(147+258+369)=

（12）加减九盘清法。

这是练习默记一笔多位数连续加减的传统练习法。

① 加顺“九盘清”。先将 123,456,789 键入计算器，默记此数，再逐次加上 123,456,789；连加 9 遍，连同原数一共加了 10 个 123,456,789，得数为“1,234,567,890”。

各遍得数如下：

原数：123,456,789

第 1 遍得数：246,913,578

第 2 遍得数：370,370,367

第 3 遍得数：493,827,156

第 4 遍得数：617,283,945

第 5 遍得数：740,740,734

第 6 遍得数：864,197,523

第 7 遍得数：987,654,312

第 8 遍得数：1,111,111,101

第 9 遍得数：1,234,567,890

达标速度标准：50~60 秒为及格；35~49 秒为良好；35 秒以下为优秀。

② 减顺“九盘清”。从 1,234,567,890 中连减 123,456,789 共 9 遍，得数为“123,456,789”。各遍得数刚好是把顺“九盘清”的各遍得数倒过来。如第 1 遍的结果为加顺“九盘清”第 8 遍的结果，即 1,111,111,101。

达标速度标准：60~80 秒为及格；40~59 秒为良好；40 秒以下为优秀。

③ 加逆“九盘清”。将 987,654,321 键入计算器，默记此数，连加 9 遍，得数为“9,876,543,210”。

达标速度标准：50~60 秒为及格；35~49 秒为良好；35 秒以下为优秀。

④ 减逆“九盘清”。从 9,876,543,210 中连减“987,654,321”9 遍，得数为“987,654,321”。

达标速度标准：60~80 秒为及格；40~59 秒为良好；40 秒以下为优秀。

(13) 加“大九九”法。

将大九九乘法口诀表(见表 2-1-4)中的乘积从“一一 01”到“九九 81”边念口诀边加积，全部加起来，其总和为 2,025。然后再减积还原，使盘面成 0。各个部分积总和如表 2-1-5所示。

表 2-1-4 大九九乘法口诀表

序号	一	二	三	四	五	六	七	八	九
一	**一一 01**	二一 02	三一 03	四一 04	五一 05	六一 06	七一 07	八一 08	九一 09
二	**一二 02**	**二二 04**	三二 06	四二 08	五二 10	六二 12	七二 14	八二 16	九二 18
三	**一三 03**	**二三 06**	**三三 09**	四三 12	五三 15	六三 18	七三 21	八三 24	九三 27
四	**一四 04**	**二四 08**	**三四 12**	**四四 16**	五四 20	六四 24	七四 28	八四 32	九四 36
五	**一五 05**	**二五 10**	**三五 15**	**四五 20**	**五五 25**	六五 30	七五 35	八五 40	九五 45
六	**一六 06**	**二六 12**	**三六 18**	**四六 24**	**五六 30**	**六六 36**	七六 42	八六 48	九六 54
七	**一七 07**	**二七 14**	**三七 21**	**四七 28**	**五七 35**	**六七 42**	**七七 49**	八七 56	九七 63
八	**一八 08**	**二八 16**	**三八 24**	**四八 32**	**五八 40**	**六八 48**	**七八 56**	**八八 64**	九八 72
九	**一九 09**	**二九 18**	**三九 27**	**四九 36**	**五九 45**	**六九 54**	**七九 63**	**八九 72**	**九九 81**

注：表 2-1-4 中，加粗的部分为小九九乘法口诀。

表 2-1-5 各个部分积总和

被乘数	1	2	3	4	5	6	7	8	9
积总和	45	90	135	180	225	270	315	360	405

达标速度标准：30~40 秒完成为及格。

（14）听打练习。

① 一人随机说出不同按键，其他人快速找出与其对应的键位。

② 一人读：123+321+213+312=，其他人打出合计数。

③ 一人读：456+654+546+645=，其他人打出合计数。

④ 一人读：789+987+879+978=，其他人打出合计数。

⑤ 一人读：142+214+159+951+748+847=，其他人打出合计数。

⑥ 一人读：263+362+632+326+478+487=，其他人打出合计数。

⑦ 一人读：3. 15+2. 04+7. 90+8. 16=，其他人打出合计数。

⑧ 一人读：9. 34+0. 06+4. 57+6. 82=，其他人打出合计数。

（15）使用计算器计算下列各题。

① 32+15=

② 45−23=

③ 64×25=

④ 102÷17=

⑤ 37+25−16. 9=

⑥ 36×2÷3=

⑦ 1,729+6×14=

⑧ 6×(32−6)=

⑨ 354×26%=

⑩ 170÷135%=

⑪ 240+240×20%=

⑫ 380−380×20%=

⑬ 利用存储功能将 43+23=66、34×63=2 142、−144÷24=−6 的计算结果累计起来。

⑭ 将算式 231+35 改为 231+46=

⑮ (27+18)×(32+56)=

⑯ 利用 GT 功能将下列算式的计算结果累计起来：

0. 2×10＝2、20×20＝400、100×30＝3,000

（16）加减算强化练习。

① 将表 2-1-6 所示的大九九乘法口诀表中各竖行、横行分别汇总，再将其合计数加总写在右下角交叉处，两个答案应当完全一样。如果不同，请找出原因（先练看打，最后做到全部盲打）。

表 2-1-6　大九九乘法口诀表

序号	1	2	3	4	5	6	7	8	9	合计
1	11. 01	21. 02	31. 03	41. 04	51. 05	61. 06	71. 07	81. 08	91. 09	
2	12. 02	22. 04	32. 06	42. 08	52. 10	62. 12	72. 14	82. 16	92. 18	
3	13. 03	23. 06	33. 09	43. 12	53. 15	63. 18	73. 21	83. 24	93. 27	
4	14. 04	24. 08	34. 12	44. 16	54. 20	64. 24	74. 28	84. 32	94. 36	
5	15. 05	25. 10	35. 15	45. 20	55. 25	65. 30	75. 35	85. 40	95. 45	
6	16. 06	2. 12	36. 18	46. 24	56. 30	66. 36	76. 42	86. 48	96. 54	
7	17. 07	27. 14	37. 21	47. 28	57. 35	67. 42	77. 49	87. 56	97. 63	
8	18. 08	28. 16	38. 24	48. 32	58. 40	68. 48	78. 56	88. 64	98. 72	
9	19. 09	29. 18	39. 27	49. 36	59. 45	69. 54	79. 63	89. 72	99. 81	
合计										

② 从上表 11. 01+12. 02+13. 03+…+98. 72+99. 81＝＿＿＿＿＿＿，计时测试，求出总合计。达标速度标准：140～160 秒为及格；120～139 秒为良好；120 秒以下为优秀。

③ 计算表 2-1-7 所示的各题（限时 10 分钟，做对 8 题及以上为普通六级水平，记优秀，做对 7 题为良好，做对 6 题为及格）。

④ 计算表 2-1-8 所示的各题（限时 10 分钟，做对 8 题及以上为普通五级水平，记优秀，做对 7 题为良好，做对 6 题为及格）。

⑤ 计算表 2-1-9 所示的各题（限时 10 分钟，做对 6 道题、7 道题、8 道题分别为普通六级、五级、四级水平）。

表 2-1-7　计算题(1)

(一)	(二)	(三)	(四)	(五)
3,076	501	3,297	1,934	571
48	763	465	-621	462
19	2,948	801	2,071	30
2,085	937	10	-75	-947
16	20	43	62	9,872
25	1,546	896	73	54
749	8,065	27	-493	-81
3,619	84	51	9,054	9,039
308	73	806	85	-64
27	1,924	9,352	406	16
4,576	50	4,708	-806	-67
536	92	7,219	12	3,095
281	86	35	3,897	-208
41	79	65	-84	2,354

(六)	(七)	(八)	(九)	(十)
610	105	80	5,631	16
52	76	342	57	7,321
9,478	489	751	-87	-198
36	237	698	9,402	478
3,847	30	37	84	5,096
29	41	40	-13	-23
5,109	6,892	2,156	72	21
214	572	94	3,109	-807
685	59	5,261	658	943
703	6,831	8,079	-293	-48
15	24	3,928	-20	56
62	2,501	40	-401	-54
9,730	9,467	35	4,596	7,560
87	36	178	783	9,026

表 2-1-8 计算题(2)

(一)	(二)	(三)	(四)	(五)
2,096	473	7,063	513	3,186
367	8,901	846	2,890	-975
524	258	192	-495	245
1,980	529	5,603	613	7,602
412	6,074	735	-705	-831
758	813	5,218	6,084	479
6,053	706	964	932	-2,048
559	5,012	297	497	-561
319	354	524	-8,106	389
7,962	193	3,180	523	4,605
136	4,960	7,687	9,804	379
204	587	306	619	214
6,417	263	295	165	8,950
943	6,082	741	-3,875	-603
159	794	8,092	-427	271

(六)	(七)	(八)	(九)	(十)
543	5,813	274	5,032	371
7,208	485	7,105	-746	806
916	397	638	187	4,092
586	2,604	693	-3,815	-638
2,074	715	425	926	571
319	742	8,041	470	9,230
637	8,086	159	8,308	169
6,140	193	5,802	693	-489
925	7,405	793	-249	5,602
706	825	536	6,751	-394
5,183	652	217	-862	-754
419	346	4,180	705	-2,018
832	420	3,608	-507	352
4,091	931	595	2,318	568
546	4,075	971	194	7,194

表 2-1-9 计算题(3)

(一)	(二)	(三)	(四)	(五)
470.13	10.26	59.67	3,108.57	86.04
8.57	6,039.12	1.09	2.08	4.12
59.41	6.89	60.52	-37.91	-17.29
1.95	52.03	6,903.85	4.65	5.06
3,597.26	5.41	7.43	-26.34	5,803.61
2.69	98.60	42.08	50.28	9.25
60.54	3.27	1.92	4,807.31	-438.07
4.37	627.58	39.92	-61.87	7.69
32.08	2.09	7.50	9.56	-43.78
6.20	48.75	7,154.38	174.39	1.20
89.36	370.14	6.14	-9.62	280.39
4.12	4,638.59	341.82	5.04	-34.65
7,308.26	9.71	2.61	42.97	57.24
10.48	41.35	703.54	-308.56	-9.18
587.19	7.84	67.98	9.12	1,765.39

(六)	(七)	(八)	(九)	(十)
4,128	214	102,538	597,103	739
859,367	265,307	497	167	814,723
34,205	192	1,923	-972	-6,245
680	9,856	748	2,051	9,358
5,129	604	50,639	-56,793	741,035
389,761	2,018	8,160	408	-476
547	34,596	724	4,312	8,501
6,034	7,980	240,537	-869	30,985
213	120,837	962	850,934	-4,576
5,706	513	7,216	259	620
829	3,674	358	-2,817	281
215	51,068	849	430	-21,739
49,708	749	6,017	7,641	296
194	4,370	59,306	-40,856	-4,908
6,073	985	5,481	6,238	601

（17）乘除算强化练习。

① 计算表 2-1-10 所示的各题。1~10 题为普通六级题型，11~20 题为普通五级题型，21~30 题为普通四级题型(限时 15 分钟，积数保留 2 位小数，以下四舍五入，要求准确率达 80%)。

表 2-1-10　计算题(4)

1	195×42=	11	18×256=	21	16×5,092=
2	91×608=	12	541×67=	22	258×604=
3	34×185=	13	8.7×57.41=	23	3,907×865=
4	506×68=	14	29×138=	24	0.42×0.7931=
5	56×703=	15	653×76=	25	5.139×28=
6	27×82=	16	30.57×9.8=	26	76×3,512=
7	82×65=	17	95×824=	27	804×571=
8	708×93=	18	719×315=	28	3.7×0.4069=
9	49×21=	19	569×56=	29	2,963×48=
10	31×74=	20	427×504=	30	481×2,756=

② 计算表 2-1-11 所示的各题。1~10 题为普通五级题型，11~20 题为普通四级题型，21~30 题为普通三级题型(限时 15 分钟，商数保留 2 位小数，以下四舍五入，要求准确率达 80%)。

表 2-1-11　计算题(5)

1	8，804÷65=	11	27，510÷501=	21	6，656，328÷803=
2	18.58÷2.9=	12	3.6709÷0.48=	22	3.63164÷0.482=
3	30，756÷501=	13	110，410÷326=	23	1，433，388÷4，732=
4	26，504÷302=	14	37，182÷51=	24	41，148÷189=
5	1，767÷67=	15	241，796÷706=	25	276，941÷641=
6	2.4941÷0.21=	16	14，252÷82=	26	432，852÷507=
7	23，271÷842=	17	61.913÷36.4=	27	23.5778÷9.62=
8	2，106÷54=	18	155，034÷975=	28	110，410÷362=
9	3，163÷63=	19	51，625÷689=	29	105，045÷705=
10	2，295÷62=	20	6，993÷198=	30	10.5439÷2.59=

小提示：

1. 初练时可先看着键盘练习，练习几遍后，可试着不看键盘，也可以看着屏幕输入。
2. 练习速度要由慢到快，速度要均匀，应做到每练习一段时间要比前次有进步。
3. 以上练习必须要多练、苦练，持之以恒，才能达到良好的效果。

五、实训心得

____

____

任务2　计算机数字小键盘操作技能实训

一、实训目标

1. 知识目标

(1) 了解操作计算机数字小键盘时的体态要求。

(2) 掌握计算机数字小键盘的用法。

(3) 掌握计算机数字小键盘击键基本要求。

2. 技能目标

(1) 能准确、快速地找键。

(2) 能用规范的手法操作计算机数字小键盘。

二、实训所需用品

电脑、计算机数字小键盘、数字录入练习软件。

三、实训所需相关理论知识

1. 体态基本要求

(1) 端坐在椅子上，坐于椅面的前1/2~2/3平面上；腰挺直，上身略向前倾；双足自然舒适地平放在地上，不悬空；双膝合拢约距一拳头宽。

（2）两肩放松，上臂与肘应靠近身躯；大臂与小臂角度为90°左右；小臂与手腕略向上倾斜；不可拱起手腕，手掌不可放在键盘上或桌面上；两手腕略内扣，不可外分为八字形。

（3）手掌要与键盘表面基本相平，手指稍弯曲，食指、中指和无名指轻放在"4""5""6"三个基本键位上，大拇指放在"0"键上，小拇指放在"Enter"键上。

2. 数字小键盘的用法

（1）需在"Num Lock"指示灯亮时才能有效录入。

（2）录入过程中，只用右手手指进行操作。

（3）数字小键盘中的基本键位是4、5、6数字，分别由右手的食指、中指和无名指负责。其中数字键5键为原点键，该键下边有凸起的短横杠，便于触摸定位。

（4）手指分配原则为：右手食指负责"Num Lock，7、4、1"四个键；右手中指负责"/（除），8、5、2"四个键；右手无名指负责"＊（乘），9、6、3"和"上档键．（小数点）或下档键Del（删除键）"五个键；右侧的"-（减）、+（加）、Enter（回车键）"三个键由小拇指负责；大拇指负责"上档键0或下档键Ins（插入键）"。

（5）在录入过程中，眼睛只看录入数字，不能看键盘、手指或屏幕上打出的资料，以使录入达到最高的速度。

（6）操作中将笔横握在右手掌心，由大拇指控笔且书写端朝向右侧，这样握笔利于击键。运算时养成良好的握笔习惯，以便及时记录计算结果，节省拿笔、放笔时间，提高工作效率。

3. 击键基本要求

（1）击键时用各手指第一指关节指肚前端击键。

（2）击键时先使手指抬高离键面1~2cm，由手指垂直发力，然后迅速击下。

（3）击键完毕，手指应归位到基本键位。

（4）不击键时，手指不可离开基本键位乱动。

（5）击中排键时仅将手指提起击下，击上排键时手腕尽可能不做移动，手指应直接伸出击键；击下排键时手腕做轻微的向下移动，手指略弯曲使手指到位，注意手指不要卷向掌心。

（6）击键要迅速、果断，不能拖拉，不能触动非击键。

（7）击键要有节奏，有弹性，不能紊乱。

四、实训内容

（1）识记数字小键盘上各按键位置及手指分配原则，如图 2-2-1 所示。

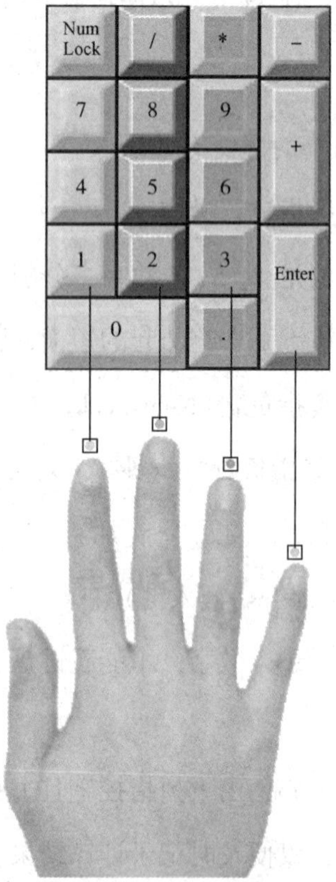

图 2-2-1　各按键位置及手指分配原则

（2）上机练习，一定要按分配原则及击键要求练习，养成良好习惯。

右手逐个指头击键三次，寻找指法和手感，揣摩击键的方法；配合练习软件屏幕的提示，寻找正确的键位，找手感提速度。

（3）进行指法练习时，熟记各键的键位，逐步实现盲打。

利用练习软件，只看录入数字，实行盲打。

考核参考标准：100 个/分钟为合格，合格得 60 分，在此基础上，每分钟快 1 个加 1 分，最高加至 100 分，如每分钟 130 个，则得分 90 分。

（4）计算表 2-2-1 所示的各题（限时 10 分钟，对 8 题及以上为普通三级水平）。

表 2-2-1　计算题（1）

（一）	（二）	（三）	（四）	（五）
63,470	589,027	13,897	860,539	51,286
19,205	14,359	352	-42,781	470,396
814,735	537	41,092	109	-8,407
6,892	40,869	846,753	-3,502	51,293
204,368	187	832	74,692	-847
501	210,359	51,407	401,368	2,359
87,182	43,061	906,532	574	618,954
9,654	709,254	9,716	67,829	236
370,924	896	58,109	-1,869	47,103
385	28,534	2,406	56,857	8,649
61,872	7,135	38,769	193,028	-207,519
627,014	29,607	413,058	841	125,046
3,619	174	270,934	5,306	-38,796
684	570,692	1,706	-73,185	104
73,205	8,431	285	102,679	-78,352

（六）	（七）	（八）	（九）	（十）
50.23	64.01	476.12	9.21	-4,159.07
619.87	2.85	8.35	7,640.58	-23.96
5,806.93	931.84	9,723.06	-3,804.97	795.48
240.17	3,102.76	580.14	210.56	-230.16
7.83	95.86	89.12	-43.29	4.27
6,451.29	5.39	5,403.97	185.70	3,091.85
209.34	270.41	689.40	-30.65	607.45
5.18	1,167.98	5.27	423.89	8.96
76.24	40.35	36.17	1.76	-21.34
3,916.08	203.97	1,340.25	-62.87	513.02
507.24	6,041.85	6.89	3,154.28	-680.49
6.35	452.31	98.56	-310.75	-26.53
718.09	680.97	4,302.71	9.68	7.91
1,302.79	5.27	546.73	4,978.01	8,750.49
45.68	4,198.63	809.72	236.54	268.13

（5）计算表 2-2-2 所示的各题(限时 10 分钟，对 9 题及以上为普通二级水平)。

表 2-2-2　计算题(2)

(一)	(二)	(三)	(四)	(五)
6,032	436,219	93,716	792,671	5,126,398
409,326	84,956	9,021	8,534,926	-8,921
7,854,619	1,875	3,865,245	-7,034	60,139
15,264	5,817,023	5,408	8,097	902,754
371,015	90,348	85,126	940,328	-41,605
6,049,257	623,954	452,607	-96,251	7,650
3,416	79,208	9,035	4,263,807	49,258
534,809	564,852	759,351	501,262	-752,468
81,627	8,712,039	401,927	71,846	8,276,531
912,538	70,468	5,624,718	837,029	731,296
7,046	4,934	812,396	6,754	-60,849
58,702	521,604	9,013	902,841	1,437
687,193	8,356	43,508	-46,518	904,378
1,604	712,069	136,027	54,021	-3,706
42,953	5,021	85,214	-9,375	520,841

(六)	(七)	(八)	(九)	(十)
641.25	58.24	875.26	8,315.26	912.59
7,012.69	604.19	7,038.45	-152.94	56,249.60
37.04	3,217.68	12,463.90	607.15	60.71
958.13	16,429.37	90.17	59,263.41	-304.81
46,809.45	973.05	6,725.84	-78.65	4,621.08
8,418.34	60.79	561.38	902.78	-68.71
930.56	8,652.71	42.05	3,629.16	374.69
50.74	704.25	7,038.61	42,530.16	-1,926.38
7,081.52	91.56	40.73	-9,341.20	82,963.49
62,489.37	4,128.09	179.26	78.69	-405.97
156.98	65,298.34	40,256.19	50.87	874.31
5,261.83	72.16	5,863.47	8,074.39	9,031.85
70.14	1,302.98	207.94	-30.74	-58.76
3,029.41	514.50	95.31	-936.21	107.28
93.58	3,450.83	3,981.29	1,897.45	5,392.04

(6) 计算表 2-2-3 所示的各题(限时 10 分钟，对 9 题及以上为普通一级水平)。

表 2-2-3 计算题(3)

(一)	(二)	(三)	(四)	(五)
45,905	1,480,236	31,705,982	9,401,583	582,179
1,387	3,894	9,256	84,156	2,614,803
95,617,035	578,035	32,065	-540,367	57,061,982
524,618	96,142	140,627	75,419	-37,168
3,049,327	45,801,263	6,327,809	3,964	8,074
80,963	7,154	85,091,347	-21,085	-49,620,817
17,465,021	260,319	3,605,492	670,893	34,695
6,704,534	19,075	74,145	-9,748,126	-9,503
9,458	6,572,903	186,891	25,907,432	9,410,358
327,198	71,854,267	7,542	1,269,057	20,859,137
7,208,513	6,145	24,907	-50,734,629	-5,930,742
69,054	690,578	7,051,986	23,814	3,604
4,897	83,671	3,549	-1,983	-154,286
19,720,365	3,148,024	51,806,372	630,751	632,745
648,132	40,456,415	365,412	8,267	16,279
(六)	(七)	(八)	(九)	(十)
2,607.84	79.83	82,160.65	79,148.35	574,012.96
91.53	2,492.01	426.98	79.54	-8,157.07
15,372.08	508.46	450,839.24	-903.62	1,784.50
456.97	641,760.92	58.19	3,850.32	60,870.39
341,068.58	64,058.23	3,705.46	608.73	-749.25
7,920.34	9,617.08	687.05	-85.17	316,297.58
56.18	270,834.95	4,720.96	520,796.48	56.23
90,813.65	43,261.57	19.28	24.39	256,308.94
425,178.04	37.15	797,064.34	-16,049.75	47.82
627.93	619.42	65,231.57	82,590.16	7,901.42
34.17	570.94	197.03	346.81	69,035.41
4,703.52	36.28	5,214.86	-2,890.43	-61.48
31,289.06	740,265.19	48.79	6,052.71	428.35
365.82	8,617.43	610,793.42	367,184.52	-31,092.76
907,814.62	23,508.91	38,520.56	109,637.24	419.23

五、实训心得

任务3　传票翻打机数字小键盘操作技能实训

一、实训目标

1. 知识目标

(1) 了解操作传票翻打机数字小键盘时的体态要求。

(2) 掌握传票翻打机数字小键盘的用法。

(3) 掌握传票翻打机数字小键盘击键基本要求。

(4) 了解大连爱丁数码产品公司爱丁学生派 7418i 输入设备中的“传票录入”“数字传票录入”模块的内容及功能。

2. 技能目标

(1) 能准确、快速地找键。

(2) 能使用大连爱丁数码产品公司爱丁学生派 7418i 输入设备中的“传票录入”“数字传票录入”功能模块，用规范的手法操作传票翻打机数字小键盘录入数字。

二、实训所需用品

大连爱丁数码产品公司爱丁学生派 7418i 输入设备(见图 2-3-1)、传票本(见图 2-3-2)。

图 2-3-1　大连爱丁数码产品公司爱丁学生派 7418i 输入设备

图 2-3-2　传票本

三、实训所需相关理论知识

1. 体态基本要求

与计算机数字小键盘的操作要求相同，见本模块任务 2“计算机数字小键盘操作技能实训”，此处略。

2. 数字小键盘的用法

与计算机数字小键盘的操作要求相同，见本模块任务 2“计算机数字小键盘操作技能实训”，此处略。

3. 击键基本要求

与计算机数字小键盘的操作要求相同，见本模块任务 2“计算机数字小键盘操作技能实训”，此处略。

4. 大连爱丁数码产品公司爱丁学生派 7418i 输入设备数字小键盘的操作训练

借助于大连爱丁数码产品公司爱丁学生派 7418i 输入设备中的“传票录入”“数字传票录入”“计算器”等功能模块，可以对数字小键盘的操作技能进行训练。

(1) “传票录入”模块的内容及功能(见表 2-3-1)。

表 2-3-1 “传票录入”模块的内容及功能

内容	传票录	传票算
功能	“传票录”为录入传票中的数字，分为“传票录练习”和“传票录测试”。在进行“传票录练习”和“传票录测试”时，选择所要练习和测试的票面后即可进行练习和测试。	“传票算”为计算传票中的每组数字之和，分为“传票算练习”和“传票算测试”。练习可设置时间，测试可以统一设置时间、起始页、行次进行测试。

注意：表 2-3-1 中的“传票录入”界面右下角可以统一对“传票录”和“传票算”设置“传票选择”“每组题数”“跳转方式”。

（2）“数字传票录入”模块的内容及功能(见表 2-3-2)。

表 2-3-2 “数字传票录入”模块的内容及功能

内容	基础练习	综合练习			传票录	传票算
		综合	分组	条形码		
功能	可完成基准键位、食指、中指、无名指、大拇指和小拇指的练习。	设置“扣分系数、时间设置、字符范围”后即可开始数字的录入练习。	设置“每组题数、时间设置、每题(数字)的位数(6～15)、字符范围”后即可进行数字的录入练习或测试。	设置“每组题数、时间设置”后即可开始进行条形码数字的录入练习或测试。	“传票录”为录入传票中的数字。在选定传票本的类型后，设置“选择票面、跳转方式、每组页数、时间设置”即可进行练习或者测试。	“传票算”为计算传票中的每组数字之和。在选定传票本的类型后，设置“选择票面、跳转方式、每组页数、时间设置、起始页、起始行”即可进行练习或者测试。

注意：表 2-3-2 中的“分组”和“条形码”的“开始练习”，录入数字错了会提醒，“开始测试”录入数字错了不会提醒。

四、实训内容

（1）使用爱丁学生派 7418i 输入设备的“数字传票录入”功能模块，进行数字小键盘录入数字练习。

（2）使用爱丁学生派 7418i 输入设备的“传票录入”功能模块，进行数字小键盘录入数字练习。

五、实训心得

任务4 珠算操作技能实训

一、实训目标

1. 知识目标

(1) 了解算盘的结构。

(2) 了解操作算盘时的姿势。

(3) 了解算盘的记数方法。

(4) 掌握清盘的方法。

(5) 掌握握笔的方法。

(6) 了解操作算盘时的用品摆放。

(7) 掌握拨珠的指法。

(8) 掌握珠算加法口诀。

(9) 掌握珠算减法口诀。

2. 技能目标

(1) 能用三指拨珠指法规范拨珠。

(2) 能使用算盘准确、快速地进行加、减运算。

二、实训所需用品

算盘、黑色字迹财会专用笔、红色字迹财会专用笔(可在更正错误时使用)、计算题纸。

三、实训所需相关理论知识

1. 算盘的结构

算盘呈长方形，由边(框)、梁、档、珠四个基本部分所组成。改进后的算盘又增加了清盘器、计位点和垫脚装置。算盘的正面如图 2-4-1 所示，算盘的背面如图 2-4-2 所示。

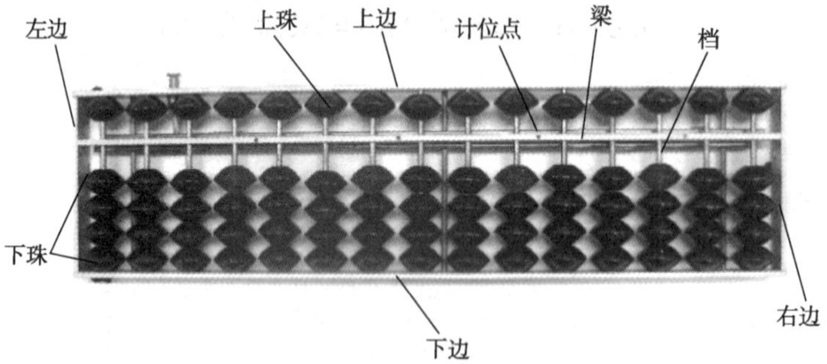

图 2-4-1　算盘的正面

图 2-4-2　算盘的背面

(1) 边(框)：固定算盘四周的框架，用以固定算盘的梁、档、珠各部分。

(2) 梁：平行于上框与下框之间的横梁，将盘面分为上、下两部分，使梁上珠、梁下珠分别表示不同数值。用算盘进行计算时，靠梁的动作叫作“拨入”，离梁的动作叫作“拨去”。

(3) 档：连接上下两边穿过横梁的细柱，用以穿连算珠并表示数位。

(4) 珠：又称算珠或算盘子，用来表示数值。梁上部分的珠叫上珠，梁下部分的珠叫下珠。靠梁的算珠叫内珠，靠边的算珠叫外珠。

(5) 清盘器：安装在横梁下面，用以使算珠全部离梁靠框的装置，其操作按钮装在算盘上边的左端。

(6) 垫脚：装在算盘左右两边底面，共三个，起稳定算盘和便于推(拉)算盘下面的计算资料的作用。

(7) 计位点：在梁上标记出的小圆点，作为计位标记，每隔三档一点，每点在两档之间，主要作用是便于计数与看数。

2. 操作姿势

(1) 算盘放在身前正中，离桌面 10~15cm 处。

(2) 手指与盘面的距离 0.5~1.5cm。

(3) 手臂与算盘平面的角度以 20°~30°为宜。

3. 算盘的记数方法

(1) 数的组成。

数在算盘上用算珠表示，梁上珠每颗珠表示“5”，梁下珠每颗珠表示“1”。

(2) 计位点的作用。

通常情况下要选一点作为小数点，小数点的左边第一档为“个位档”，左二为“十位档”，依次向左为“百位档”“千位档”。

(3) 记数。

记数就是把要表示的数值按位数拨珠靠梁。将算纸上的数字按照“三位一节”的方法，从高位开始每一次看一节。计算前将第一笔数字拨入盘上的动作叫“置数”或“布数”。

4. 清盘

在每次置数运算之前，要使算盘上的所有算珠都离梁靠边，使全盘成为空盘，这个过程叫作清盘。

带清盘器的算盘，用左手中指或无名指按清盘器清盘。

无清盘器的算盘，可用右手大拇指和食指合并捏成钳形，沿算盘横梁上、下两侧(大拇指在梁下，食指在梁上)，从左向右迅速移动，依靠手指对算珠的推弹力，使算珠离梁靠边，但应注意两指用力要均匀适当，做到指过盘清。

5. 握笔

打算盘时，要握笔拨珠，计算完毕，随时写出结果。握笔的方法有很多种，比较常用的是掌心握笔法，即用小拇指与无名指将笔握在掌中心，笔尖从小拇指根部探出，如

图 2-4-3、图 2-4-4 所示。

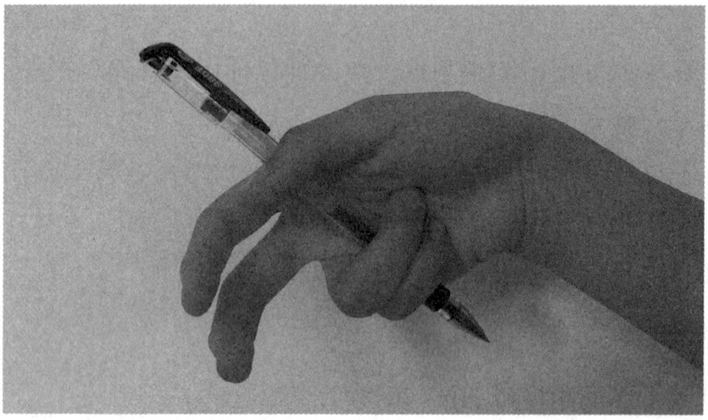

图 2-4-3　掌心握笔法 1

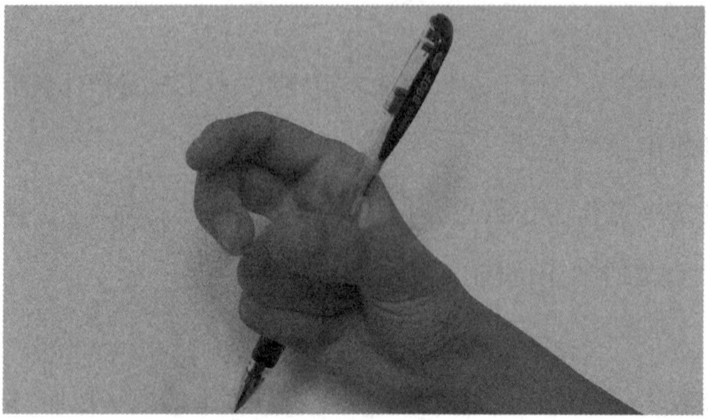

图 2-4-4　掌心握笔法 2

6. 用品摆放

计算资料可摆放在算盘左方偏上的位置，也可放在算盘下面，具体位置以拨珠方便为宜。计算时，左手指数，并随着计算把计算资料向上推，使其计算的行数尽量与盘面的距离接近，以便看数，拨珠。为了节约答案书写时间，提高运算速度，在进行计算时应握笔拨珠。

7. 拨珠的指法

（1）手指的分工。

大拇指：主管下珠往上拨去靠梁(口诀里称为“上”，如一上 1)。

食指：主管下珠往下拨让其离梁(口诀里称为“去”，如一去 1)。

中指：完成上珠的靠梁和离梁(也就是上珠的“下”和“去”，即加五或减五)。

(2) 拨珠方法。

① 单指独拨。

a. 大拇指——拨下珠靠梁。

口诀：一上 1，二上 2，三上 3，四上 4。

【例 2-4-1】 1+1，1+2，2+2，3+1

b. 食指——拨下珠离梁。

口诀：一去 1，二去 2，三去 3，四去 4。

【例 2-4-2】 2-1，3-2，4-3，4-4

c. 中指——拨上珠靠梁和离梁。

口诀：五上 5，五去 5。

【例 2-4-3】 1+5，7-5

② 两指联拨。

a. 双合双分。

双合——中指和大拇指同时拨珠靠梁。

口诀：六上 6，七上 7，八上 8，九上 9。

【例 2-4-4】 0+6，1+6，2+7，1+8

双分——食指和中指同时拨珠离梁。

口诀：六去 6，七去 7，八去 8，九去 9。

b. 双上双下。

双上——中指拨上珠离梁的同时大拇指拨下珠靠梁。

【例 2-4-5】 5,555-1,234

口诀：一上 4 去 5，二上 3 去 5，三上 2 去 5，四上 1 去 5。

双下——中指拨上珠靠梁的同时食指拨下珠离梁。

【例 2-4-6】 4,321+1,234

口诀：一下 5 去 4，二下 5 去 3，三下 5 去 2，四下 5 去 1。

c. 扭进扭退。

扭进——食指拨本档下珠离梁的同时大拇指拨左一档下珠靠梁。

【例 2-4-7】 1,234+9,876

口诀：九去 1 进 1，八去 2 进 1，七去 3 进 1，六去 4 进 1。

扭退——食指拨左一档下珠离梁的同时大拇指拨本档下珠靠梁。

【例 2-4-8】 11,110-9,876

口诀：九退 1 还 1，八退 1 还 2，七退 1 还 3，六退 1 还 4。

③ 三指联拨。

a. 进位。

用食指和中指拨本档上下珠离梁的同时用大拇指拨前档下珠靠梁。

【例 2-4-9】 6,789+4,321

口诀：四去 6 进 1，三去 7 进 1，二去 8 进 1，一去 9 进 1。

b. 退位。

用食指拨前档下珠离梁的同时用大拇指和中指拨本档上下珠靠梁。

【例 2-4-10】 1,110-4,321

口诀：四退 1 还 6，三退 1 还 7，二退 1 还 8，一退 1 还 9。

8. 珠算加法

(1) 加法口诀(见表 2-4-1)。

表 2-4-1 加法口诀

加数	不进位的加		进位的加	
	直加	满五加	进十加	破五进十加
一	一上 1	一下 5 去 4	一去 9 进 1	
二	二上 2	二下 5 去 3	二去 8 进 1	
三	三上 3	三下 5 去 2	三去 7 进 1	
四	四上 4	四下 5 去 1	四去 6 进 1	
五	五上 5		五去 5 进 1	
六	六上 6		六去 4 进 1	六上 1 去 5 进 1
七	七上 7		七去 3 进 1	七上 2 去 5 进 1
八	八上 8		八去 2 进 1	八上 3 去 5 进 1
九	九上 9		九去 1 进 1	九上 4 去 5 进 1

注意：

① 口诀表中，每句口诀的头一个字，表示加数。后面的字，表示拨珠的动作和所拨算珠代表的数。

② 口诀中的“上”表示拨下珠靠梁；“下”表示拨上珠靠梁；“去”表示拨算珠离梁；“进”表示在左一档上加。

(2) 加法口诀具体运用。

① 直接的加。

直接的加是指在被加数上需要加多少就直接拨多少，只需要按照加数拨珠靠梁即可。

口诀：一上1，二上2，三上3，四上4，五上5，六上6，七上7，八上8，九上9。

【例2-4-11】 234+765=999

a. 从百位档开始拨入234。

b. 先加百位数7(七上7)。

c. 再加十位数6(六上6)。

d. 最后加个位数5(五上5)。

② 满五的加。

满五的加，是指被加数只有下珠，在加1、加2、加3、加4时满五，必须拨一个上珠靠梁当“5”，并在下珠中拨去多加的部分，即称为“五升”。

口诀：一下5去4，二下5去3，三下5去2，四下5去1。

【例2-4-12】 334+324=658

a. 从百位档开始拨入334。

b. 先加百位数3(三下5去2)。

c. 再加十位数2(二下5去3)。

d. 最后加个位数4(四下5去1)。

③ 进一的加。

进一的加是指两数相加，其和满十或者超过十，要向左一档进一，并在本档减去多加的部分，即称为“十进”。

口诀：一去9进1，二去8进1，三去7进1，四去6进1，五去5进1，六去4进1，七去 3 进 1，八去 2 进 1，九去 1 进 1。

【例 2-4-13】 357+958＝1,315

a. 从百位档开始拨入 357。

b. 先加百位数 9(九去 1 进 1)。

c. 再加十位数 5(五去 5 进 1)。

d. 最后加个位数 8(八去 2 进 1)。

④ 去五进一的加。

去五进一的加是指上珠已靠梁，在加 6、加 7、加 8、加 9 各数时必然满十，本档不够加，向前档进一，但多加部分又不能在本档下珠上直接减去，必须拨去上珠，并用下珠补还拨去上珠而多减去的部分。

口诀：六上 1 去 5 进 1，七上 2 去 5 进 1，八上 3 去 5 进 1，九上 4 去 5 进 1。

【例 2-4-14】 568+986＝1,554

a. 从百位档开始拨入 568。

b. 先加百位数 9(九上 4 去 5 进 1)。

c. 再加十位数 8(八上 3 去 5 进 1)。

d. 最后加个位数 6(六上 1 去 5 进 1)。

(3) 一目三行直加法基础与技巧。

① 基本方法。

在竖式加法运算中，用心算求出三行相同位数上的代数和，然后拨入对应档位的运算方法。

② 技巧。

a. 三个相同数相加，其和是这个数的 3 倍，如 4+4+4＝3×4＝12。

b. 三个等差数列相加，其和是中间的数乘以 3，如 3+4+5＝4×3＝12。

c. 其中两个数相同，一个数不同，其和是相同的数乘以 3 加(减)多余(不足)的数，不相同的数大几就加几，少几就减几，如 5+5+6＝3×5+1＝16。

d. 凑十、凑二十的数。若三个数中有两个数之和是 10，先凑整，再另加。如 2+8+4＝10+4＝14，9+8+3＝20。

9. 珠算减法

(1) 减法口诀(见表 2-4-2)。

表 2-4-2　减法口诀

减数	不退位的减		退位的减	
	直减	破五减	退位减	退十补五的减
一	一去 1	一上 4 去 5	一退 1 还 9	
二	二去 2	二上 3 去 5	二退 1 还 8	
三	三去 3	三上 2 去 5	三退 1 还 7	
四	四去 4	四上 1 去 5	四退 1 还 6	
五	五去 5		五退 1 还 5	
六	六去 6		六退 1 还 4	六退 1 还 5 去 1
七	七去 7		七退 1 还 3	七退 1 还 5 去 2
八	八去 8		八退 1 还 2	八退 1 还 5 去 3
九	九去 9		九退 1 还 1	九退 1 还 5 去 4

注意：

① 口诀表中，每句口诀的头一个字，表示减数。后面的字，表示拨珠的动作和所拨算珠代表的数。

② 口诀中的“上”表示拨下珠靠梁；“下”表示拨上珠靠梁；“去”表示拨算珠离梁；“退”表示在左一档上减，“还”表示在本档上加。

(2) 减法口诀具体运用。

① 直接的减。

直接的减是指在本档上能够直接相减的运算，只需要按照减数拨珠离梁。

口诀：一去 1，二去 2，三去 3，四去 4，五去 5，六去 6，七去 7，八去 8，九去 9。

【例 2-4-15】　789-132=657

a. 从百位档开始拨入 789。

b. 先减百位数 1(一去 1)。

c. 再减十位数 3(三去 3)。

d. 最后减个位数 2(二去 2)。

② 破五的减。

破五的减是指不能直接从本档下珠减去比五小的数，必须将上珠破开才能相减。

口诀：一上 4 去 5，二上 3 去 5，三上 2 去 5，四上 1 去 5。

【例 2-4-16】 657-324=333

a. 从百位档开始拨入 657。

b. 先减百位数 3(三上 2 去 5)。

c. 再减十位数 2(二上 3 去 5)。

d. 最后减个位数 4(四上 1 去 5)。

③ 退一的减。

退一的减是指当本档被减数小于减数，必须从左一档减 1 借到本档作 10 才够减，其差能在本档上直接加还。

口诀：一退 1 还 9，二退 1 还 8，三退 1 还 7，四退 1 还 6，五退 1 还 5，六退 1 还 4，七退 1 还 3，八退 1 还 2，九退 1 还 1。

【例 2-4-17】 1,310-956=354

a. 从千位档开始拨入 1,310。

b. 先减百位数 9(九退 1 还 1)。

c. 再减十位数 5(五退 1 还 5)。

d. 最后减个位数 6(六退 1 还 4)。

④ 退一补五的减。

退一补五的减是指在本档上被减数只有下珠靠梁，不够减 6、减 7、减 8、减 9，必须从其左一档减 1 借到本档作 10 才够减，加还其差时，需要动用上珠 5。

口诀：六退 1 还 5 去 1，七退 1 还 5 去 2，八退 1 还 5 去 3，九退 1 还 5 去 4。

【例 2-4-18】 1,234-676=558

a. 从千位档开始拨入 1,234。

b. 先减百位数 6(六退 1 还 5 去 1)。

c. 再减十位数 7(七退 1 还 5 去 2)。

d. 最后减个位数 6(六退 1 还 5 去 1)。

⑤ 隔位退位和前位破五的减法。

在借位减法中，如果需要在前档“退 1”，前档只有“0”或“5”，不能直接退 1 时，必须在前档上“一退 1 还 9”或“一上 4 去 5”，才能往下减算，这样的减法分别叫作“隔位退位的减法”和“前位破五的减法”。如果前档有两个或两个以上的“0”，必须用口诀“一退 1 还 99，二退 1 还 98……九退 1 还 91”。同样的道理，当左边一连若干档都是零时，要退位，就相应用口诀：一退 1 还 999，等等，依次类推。

【例 2-4-19】 5,684-686=4,998

a. 从千位档开始拨入 5,684。

b. 先减百位数 6(六去 6)。

c. 再减十位数 8(八去 8)。

d. 最后减个位数 6(六退 1 还 994)。

(3) 倒减法。

倒减法是在减法计算中，当减数大于被减数时，在被减数最高位的前一位虚借 1，而后照常完成运算求出差来。

如：678-789=-111　　153-689=-545　　342-453=-111　　264-578=-314

运算规律：见加就加，见减就减；不够减时，虚借再减；借大还小，随借随还。

① 借了已还，答数是盘面数。

要点：借了已还，其值为正。

【例 2-4-20】 342-453+567=456

a. 从百位档开始拨入 342。

b. 先减百位数 4(虚借 1，四退 1 还 6)。

c. 再减十位数 5(五退 1 还 5)。

d. 再减个位数 3(三退 1 还 7)。

e. 百位加 5 进一，不进，归还 1。

f. 十位加 6(六上 1 去 5 进 1)。

g. 个位加 7(七去 3 进 1)，答数为 456。

② 借了未还，答数是盘面数的负补数。

要点：借了未还，其值为负；负看外珠，末位加 1。

【例 2-4-21】 456-712=-256

a. 从百位档开始拨入 456。

b. 先减百位数 7(虚借 1，七退 1 还 3)。

c. 再减十位数 1(一上 4 去 5)。

d. 再减个位数 2(二上 3 去 5)。

e. 答数不是内珠 744，是 744 的外珠，末位加 1，为-256。

③ 借了又借。

要点：借大还小，随借随还。即某一档虚借 1 未还，又不够减需再借 1，就在未还虚借 1 的前一(几)档上借，并将前一次虚借的“1”还上，最终调整为只借 1。

【例 2-4-22】 1,258-3,427-8,259=-10,428

a. 从千位档开始拨入 1,258。

b. 先减千位数 3(在万位档虚借 1，三退 1 还 7)。

c. 再减百位数 4(四退 1 还 6)。

d. 再减十位数 2(二上 3 去 5)。

e. 再减个位数 7(七去 7)。

f. 减千位数 8(在十万位档虚借 1，还上万位档上虚借的“1”，万位档上拨 9，千位档：八退 1 还 2)。

g. 减百位数 2(二去 2)。

h. 减十位 5(五退 1 还 5)。

i. 减个位 9(九退 1 还 1)，答数为外珠-10,428。

四、实训内容

(1) 加百子。

是指从个位档开始，从 1 起，连续加 2、3、4…一直加到 100，答案为 5,050。

(2) 减百子，先拨入 5,050，然后依次-1、-2、-3…-100，最后得 0。

(3) 九盘清。

先在算盘上拨入 123,456,789，再在各档分别加上 123,456,789，加一次称为一盘，加九次称为九盘，连同原数一共加了十遍，得到1,234,567,890，称为九盘清。

（4）先在算盘上拨入1,234,567,890，连减123,456,789十遍，得到0。

（5）三盘清。

先将123,456,789拨在算盘上，然后看到档上的数是多少就加多少，加三次后，算盘上的数字为987,654,312，再在最末一位加9，得987,654,321，正好是原数倒过来。三盘清又叫“见子打子，三回头”。

（6）一条心。

将625连续加16次，得10,000，所以叫“一条心”。

（7）完成表2-4-3中的加算题练习。

表2-4-3　加算题练习

直接的加				
657	652	325	621	364
132	147	124	217	615
满五的加				
214	344	342	343	434
341	214	413	324	341
进一的加				
257	765	387	257	234
853	595	898	954	987
去五进一的加				
855	558	575	786	567
698	986	678	768	987

（8）完成表 2-4-4 中的减算题练习。

表 2-4-4　减算题练习

直接的减				
899	449	347	979	764
-601	-124	-126	-523	-253
破五的减				
555	665	558	557	576
-341	-234	-134	-213	-432
退一的减				
1,110	2,567	3,241	1,676	3,612
-853	-678	-357	-987	-789
退一补五的减				
1,443	3,244	3,434	1,344	1,334
-678	-689	-678	-768	-679
隔位退位和前位破五的减法				
5,693	3,415	3,648	1,554	1,345
-698	-416	-649	-558	-346

（9）完成表 2-4-5 中的倒减算题练习。

表 2-4-5　倒减算题练习

674	476	648	847	176
-896	-597	-454	-958	-283
463	-1,265	-231	467	-221
-237	-2,632	-892	-582	-357
163	8,457	368	-347	-612

五、实训心得

模块三
财经计算工具运用技能实训

任务1　账表算技能实训

一、实训目标

1. 知识目标

(1) 了解账表算的概念。

(2) 了解账表算的步骤。

(3) 了解账表算的查错方法。

(4) 掌握计算器账表算操作要领。

(5) 掌握计算机数字小键盘账表算操作要领。

(6) 掌握珠算账表算操作要领。

(7) 掌握传票翻打机账表算实操步骤。

2. 技能目标

能使用各种财经算具快速、准确地进行账表算。

二、实训所需用品

电子计算器[或电子计算机(配数字小键盘)或算盘或传票翻打机]、账表算题单、黑色字迹财会专用笔、红色字迹财会专用笔(可在更正错误时使用)。

三、实训所需相关理论知识

1. 账表算的概念

账表算又称表格算、表册算，是日常经济工作中最常见的加减运算形式，也是会计工作日常结账和汇总数字的重要方法，是类似于账表汇总的一种核算的方式，是会计核算中的一项基本技能。账表算是将表格中的横向、纵向数字分别合计，然后再将横向、纵向汇总轧平的一种汇总数据的计算方法。

账表算的格式，如表 3-1-1 所示。

2. 账表算的步骤

（1）可先横向计算，也可先纵向计算。

（2）将某列或某行计算完毕后，把合计数写在相应的“合计”栏中。

（3）当所有纵向数和横向数都计算完毕，将纵向数或横向数的合计数加在一起作为账表总合计数，填写在账表右下角的纵横合计的交叉格内，若纵向总合计数与横向总合计数相同，则表示账表轧平。

3. 账表算的查错

（1）查找差错的步骤。

① 把横向、纵向的合计数重算一遍，找出两个得数不相符的原因。

② 分析差错，判断差错原因，查找错误。

③ 调整差错。

（2）验证与查找差错的方法。

① 差额 9 除法：先求出账表横、纵合计结果的差额，将差额除以 9，看是否能被 9 整除。若能，说明差错是由于错位造成的，也可能是两位数颠倒位置造成的，就应从这些方面去找差错。

② 差额折半法：先求出账表横、纵合计结果的差额，如果表中没有该差额，再看该差额是否为偶数，若是，再将该差额折半，看表中是否有该折半数。若有，则有可能是运算时出现反向，即应加误减或应减误加。可先查横行，再查纵行。

③ 尾数复核法：如果账表横、纵合计的结果差尾数或末尾二、三位数，可将尾数或

末尾二、三位数重算一次。

④ 差额查找法：先求出账表横、纵合计结果的差额，看表中是否有该差数。若有，则有可能是计算过程中出现漏数或重记数的错误。

表 3-1-1 账表算 1

序号	一	二	三	四	五	合计
1	8,269,537	73,165	2,738	7,208,319	50,879	
2	6,451	179,354	8,705	42,536	6,934,708	
3	7,840,216	9,052	4,219,705	14,705,283	-13,845	
4	7,834	18,362,097	27,190,486	31,965	759,021	
5	596,102	83,421,679	34,095	1,850,724	8,962	
6	2,104,368	38,596	6,508,124	49,576,081	245,170	
7	13,579	53,148	526,184	2,653	23,067,518	
8	462,587	4,865,203	73,958,601	870,639	91,453	
9	85,693	940,817	6,782,940	1,407	67,394,208	
10	34,059,721	2,684,107	43,015	3,187,269	8,367	
11	643,105	7,281	9,471,362	95,036,824	9,120,654	
12	90,527,316	48,729	160,594	6,124	1,560,937	
13	12,084	590,436	9,732	-895,673	40,679,182	
14	8,479	5,209,613	65,084,237	71,045	23,548	
15	387,215	64,781,305	32,981	-650,492	4,710	
16	45,930,762	78,310,925	371,569	2,518,906	807,324	
17	94,803	975,280	26,784,513	3,187	-4,356,208	
18	26,085,493	6,540,972	93,840	84,267,390	5,619	
19	9,708,215	1,463	825,036	94,357	32,749,651	
20	1,079	6,042	1,679	419,087	132,896	
合计						

4. 计算器账表算操作要领提示

(1) 用品摆放。在使用计算器进行账表算时，算具与算纸的摆放位置要合理。正确的摆放应该是算具与算纸放置在桌面靠近身体的一边，以便于操作为原则，计算器在右账表在左。

(2) 纵向计算。第一列从上往下计算，第二列至最后一列则从下往上计算。这样做的好处是：书写答案的位置离将要开始录入的数字保持最近的距离，便于快速衔接，防止串列。

(3) 横向计算。第一行从左往右计算，第二行至最后一行则从右往左计算。这样做的好处是：书写答案的位置离将要开始录入的数字保持最近的距离，便于快速衔接，防止串行。

(4) 为了核对横行、纵行的总计数是否相符，要注意用好“GT”键，该键连续按两次就可以消除前面输入数据的总计。

(5) 每组合计数的得出一定要使用“=”键，不可用“+”键等计算键代替，否则会影响“GT”键的使用。

(6) 左右手的配合。在账表算中，左右手应该始终处于良好的配合状态。在账表的纵向计算中，左手的食指要随着右手的录入进度，逐行纵向移动。操作中应该注意，左手的移动要比右手提早进行，同时视点跟着左手移动。也就是说，当右手录到该笔数字的最后一节时，左手就要提前移动，指向将要开始的新一行数字，同时眼睛也盯住新的一行，开始看记。在账表的横向计算中，左手的横向移动要比右手提早进行，同时视点跟着左手移动。也就是说，当右手录到该笔数字的最后一节时，左手就要提前移动，指向将要开始的新一列数字，同时眼睛也盯住新的一列，开始看记。

5. 计算机数字小键盘账表算操作要领提示

计算机数字小键盘账表算操作要领与计算器账表算操作要领相同，这里不再赘述。

6. 珠算账表算操作要领提示

(1) 账表算纵向题的计算方法：账表中的纵向题与珠算等级练习题相同，可采用一目三行简捷算法，根据自己加减练习习惯进行运算即可。把账表放在算盘下面，左手指数，并随着计算把账表向上推，使其计算的行数尽量与盘面的距离接近，以便看数、拨珠、抄写计算结果能快速进行。

（2）账表算横向题的计算方法：账表算横向题较好的打法是“钟摆式”，即第一个数从高位往低位打，第二个数从低位往高位打，第三个数从高位往低位打，第四个数从低位往高位打，以此类推。在账表算横向题计算时，把账表放在算盘下面，左手指数，并随着计算把账表向上推。左手指点数码，除了指点一行数字以外，还可以同时指出横向左右相邻的两个数的同位数字，用心算相加，然后再拨珠入盘。左手在指点左右相邻的两个数的同位数字时，要视其两个数的距离大小，选用左手的食指和中指，或食指和无名指，或食指和小拇指，指点数码进行运算。

7. 传票翻打机账表算实操步骤

本书以大连爱丁数码产品公司爱丁学生派 7418i 输入设备的使用为例。使用爱丁学生派 7418i 进行账表算，具体操作如下：

（1）在学生派主界面点击“基础宝典”，选择“计算应用”，进入到计算应用界面，如图 3-1-1 所示。

图 3-1-1　计算应用界面

（2）选择“账表算”，进入到账表算目录，界面如图 3-1-2 所示。

（3）选择“练习”或选择“测试”，然后选择“先行后列”或“先列后行”，如图 3-1-3、图 3-1-4 所示。

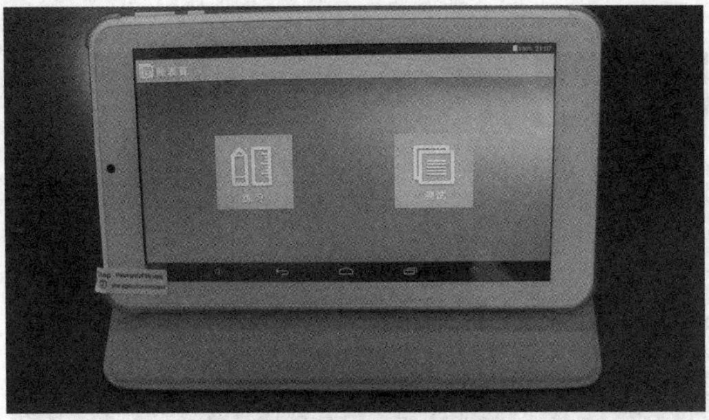

图 3-1-2 账表算目录界面

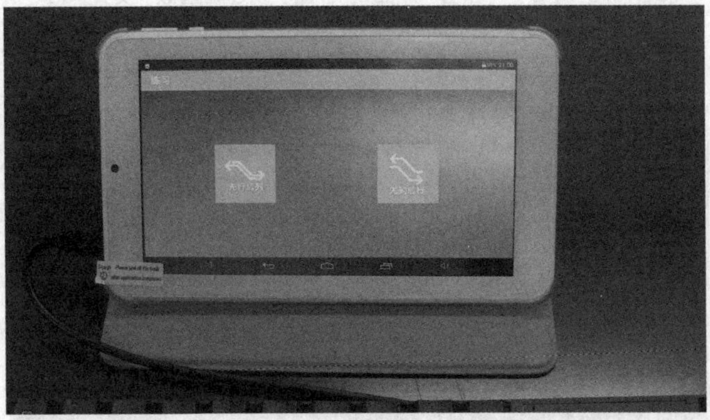

图 3-1-3 选择“练习”界面

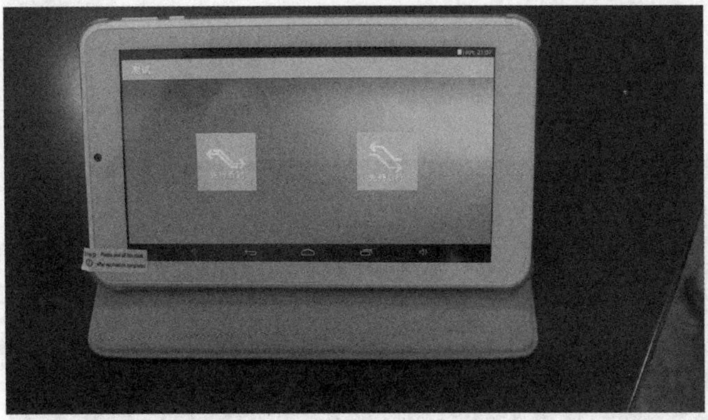

图 3-1-4 选择“测试”界面

（4）选择完毕后，设置“时间、随机系数”，如图 3-1-5、图 3-1-6 所示，即可开始账表算的练习或测试，录入界面如图 3-1-7、图 3-1-8 所示。

图 3-1-5 “练习”界面的“时间、随机系数”设置

图 3-1-6 “测试”界面的“时间、随机系数”设置

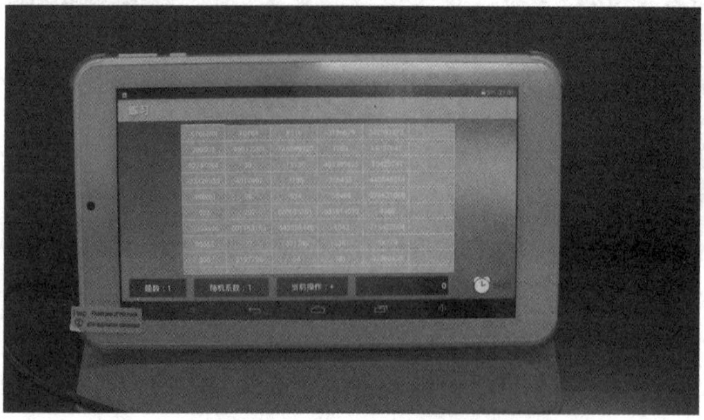

图 3-1-7 账表算的练习界面

测试结束后，如图 3-1-9 所示，学生可以按“F1”发送成绩，此时本次成绩会自动通过无线网络发送到教师机上，并且可以通过计算机将成绩文件转换成 Excel 文档进行编辑和修改。本步骤需要配合 WNAP320 AP 搭建无线网络收发成绩和 WEB 教师端共同使用。练习则不能发送成绩。

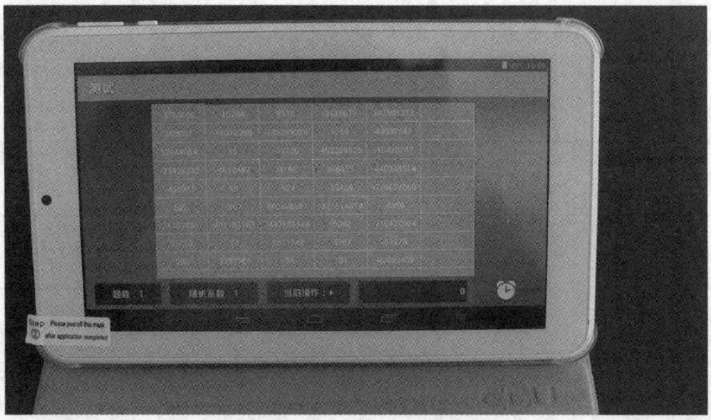

图 3-1-8 账表算的测试界面

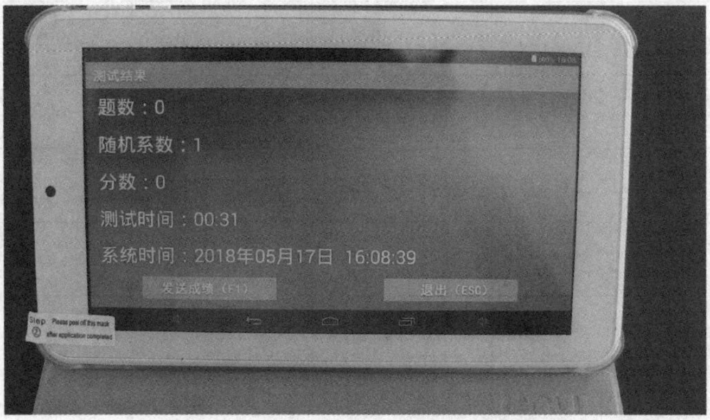

图 3-1-9 测试结束后的界面

四、实训内容

（1）使用电子计算器（或电子计算机数字小键盘或算盘）准确、快速地完成表 3-1-2～表 3-1-16 的计算。

表 3-1-2 账表算 2

序号	一	二	三	四	五	合计
1	57,280	7,096,213	953,481	3,609	10,437,286	
2	903,517	10,746	6,248	54,681,930	3,562,978	
3	5,093	81,476,539	4,601,587	-60,824	495,137	
4	94,710,835	580,321	82,694	7,845,162	7,209	
5	8,641,029	5,973	78,490,321	267,485	40,361	
6	24,163	4,096,835	285,046	1,074	72,089,153	
7	310,756	84,729	3,285	40,679,531	-4,801,679	
8	5,897	18,693,540	1,730,462	53,240	197,685	
9	64,293,108	267,034	81,947	8,195,627	5,938	
10	1,506,287	8,496	53,017,492	279,503	84,561	
11	25,943	7,124,659	580,671	7,056	39,521,048	
12	786,415	89,146	9,023	35,206,198	6,274,530	
13	4,236	95,271,830	1,047,539	82,971	-190,845	
14	70,169,483	485,271	30,691	5,147,238	5,269	
15	2,546,391	4,058	48,293,756	301,692	16,708	
16	62,789	1,932,605	765,294	4,831	73,267,039	
17	170,268	53,491	1,567	40,598,723	4,267,039	
18	4,017	80,729,563	8,923,506	64,197	126,483	
19	59,680,234	640,725	10,783	-7,981,523	3,176	
20	4,759,681	1,827	60,271,935	409,365	9,528	
合计						

表 3-1-3 账表算 3

序号	一	二	三	四	五	合计
1	90,145	2,841,367	804,326	5,895	61,530,798	
2	31,072	7,023,945	659,483	8,649	78,296,031	
3	7,296,804	5,173	95,021,876	406,532	41,289	
4	83,715,296	190,836	46,721	9,530,246	5,078	
5	8,137	94,026,175	2,658,493	42,068	-251,793	
6	913,578	45,298	30,491,578	29,764,831	3,016,475	
7	36,085	7,094,851	137,269	1,347	80,253,691	
8	8,294,673	6,095	4,602	236,589	30,267	
9	16,032,748	350,284	91,568	-7,031,895	4,591	
10	8,259	54,083,167	7,014,386	19,247	601,294	
11	605,942	12,769	9,543	68,037,251	7,120,845	
12	70,465	1,806,974	750,324	1,762	29,013,658	
13	1,097,234	6,283	17,034,652	704,819	56,849	
14	82,741,596	390,254	89,741	1,590,236	4,073	
15	4,021	40,139,568	1,958,327	-57,064	982,367	
16	392,645	73,296	7,082	67,035,981	4,208,135	
17	6,059,834	1,627	25,381,907	310,578	-63,294	
18	20,816,479	580,412	90,567	2,945,037	4,176	
19	7,563	89,347,621	5,402,891	12,803	379,564	
20	184,395	20,756	1,603	85,294,137	5,204,678	
合计						

表 3-1-4　账表算 4

序号	一	二	三	四	五	合计
1	780,126	45,931	6,175	83,295,407	4,609,723	
2	1,047	90,283,675	8,360,952	47,961	-126,834	
3	53,026,894	402,756	81,073	2,135,789	5,163	
4	7,819,546	7,182	63,210,597	603,594	49,825	
5	25,084	6,309,217	395,148	2,906	81,730,642	
6	179,305	70,641	4,286	30,468,591	5,368,297	
7	5,096	19,863,274	7,081,564	40,826	495,173	
8	74,208,391	280,531	46,398	-1,584,267	2,097	
9	9,012,648	7,953	8,153	276,845	43,106	
10	28,736	4,908,635	284,056	1,704	29,035,871	
11	607,153	92,784	17,490,328	69,204,351	7,420,698	
12	1,879	43,156,809	3,107,642	51,043	798,561	
13	80,324,196	720,643	81,974	2,105,769	9,835	
14	5,608,471	4,698	40,293,157	-750,923	61,854	
15	24,593	5,327,146	680,715	8,567	94,018,325	
16	658,147	61,498	1,092	70,139,258	6,274,053	
17	4,236	13,705,289	4,057,319	82,769	-190,485	
18	19,780,643	781,425	63,091	3,715,284	5,926	
19	3,956,124	5,804	79,426,583	930,124	81,067	
20	78,269	6,130,529	675,294	6,831	17,042,538	
合计						

表 3-1-5 账表算 5

序号	一	二	三	四	五	合计
1	980,364	71,052	5,861	80,497,263	5,137,209	
2	8,012	41,269,378	3,406,759	68,375	204,981	
3	79,265,134	905,763	40,127	1,420,598	-8,126	
4	8,493,510	7,129	68,437,052	205,836	14,798	
5	58,762	5,470,982	813,409	9,380	62,371,845	
6	170,498	12,479	5,263	68,395,124	9,507,368	
7	7,956	82,540,361	3,274,806	10,542	243,187	
8	30,419,267	715,048	36,924	-7,048,165	8,295	
9	8,752,496	8,173	17,265,890	436,529	41,039	
10	19,205	5,264,398	920,875	7,164	80,136,475	
11	405,319	84,726	4,098	37,128,506	9,057,263	
12	7,403	31,560,298	1,526,983	-79,420	495,761	
13	28,791,356	739,580	34,106	1,024,856	9,406	
14	9,274,108	1,405	93,502,864	732,698	27,815	
15	81,035	2,603,549	682,471	6,932	34,609,157	
16	208,463	34,790	7,519	78,169,423	-8,025,961	
17	6,328	40,719,256	9,130,487	31,579	278,406	
18	42,037,861	138,645	59,721	8,170,495	5,320	
19	9,134,725	2,068	10,725,463	905,781	37,946	
20	75,469	2,693,871	851,379	4,073	50,213,684	
合计						

表 3-1-6　账表算 6

序号	一	二	三	四	五	合计
1	65,241,938	6,529,417	6,473	593,268	7,508,263	
2	109,863	83,174	51,840,329	70,426	9,546	
3	24,509	3,208	236,047	1,392,047	90,743,128	
4	1,876,245	84,069,537	19,825	7,598	-628,759	
5	7,054	590,326	8,560,791	62,385,014	43,021	
6	985,346	4,238,159	62,038,147	41,708	5,934	
7	39,285	7,265	759,803	8,230,947	85,049,367	
8	5,013,492	60,128,579	96,572	-3,296	172,839	
9	1,075	310,497	1,547,293	75,514,326	95,604	
10	61,850,437	65,083	8,406	901,865	9,126,078	
11	25,971	2,759	290,184	4,590,682	31,469,207	
12	8,370,592	17,059,263	16,209	7,184	283,569	
13	6,471	98,435	7,129,546	62,594,073	80,512	
14	39,062,814	17,694	5,830	-329,147	1,275,483	
15	406,583	3,680,241	85,760,394	60,531	6,704	
16	3,819,756	15,208,793	29,643	3,285	179,356	
17	1,247	481,267	6,420,178	97,014,356	30,829	
18	92,530,764	93,056	9,517	460,197	-7,426,051	
19	401,857	1,836,547	12,085,639	28,309	8,436	
20	29,068	2,095	841,053	6,820,475	52,801,467	
合计						

表 3-1-7 账表算 7

序号	一	二	三	四	五	合计
1	25,084	8,025	302,514	1,597,283	64,275,093	
2	8,102,563	40,265,938	45,793	4,071	128,659	
3	9,470	782,361	5,024,879	92,851,603	45,381	
4	42,156,739	47,290	3,168	-602,345	8,104,756	
5	918,763	5,631,947	18,690,723	69,834	7,093	
6	8,196,024	48,026,531	75,962	5,168	264,809	
7	4,507	104,759	7,491,350	32,407,896	-56,931	
8	67,290,385	32,698	2,804	723,409	4,035,798	
9	301,478	7,940,186	64,218,935	51,362	1,267	
10	92,531	8,253	671,483	7,195,803	58,179,043	
11	42,756,189	40,761	7,906	826,519	1,985,306	
12	123,694	2,975,084	14,378,562	95,073	9,278	
13	73,582	1,536	530,697	4,263,508	21,367,045	
14	9,741,058	67,083,913	24,815	-7,210	591,802	
15	7,308	256,398	8,941,230	15,694,837	64,735	
16	128,679	1,857,462	60,713,594	73,140	8,267	
17	81,265	9,085	280,163	7,160,534	81,203,976	
18	3,285,476	59,018,423	59,082	6,925	-410,265	
19	8,034	360,742	7,085,426	81,049,586	28,973	
20	94,160,873	81,936	1,937	284,793	5,924,130	
合计						

表 3-1-8　账表算 8

序号	一	二	三	四	五	合计
1	570,931	70,146	8,264	93,168,405	3,675,298	
2	5,093	17,268,934	6,405,178	-80,246	194,573	
3	91,470,836	803,512	36,894	7,458,162	7,902	
4	8,106,294	7,935	78,294,013	672,485	30,164	
5	73,412	6,940,583	685,402	1,047	78,305,291	
6	310,675	82,479	5,138	42,360,591	9,620,748	
7	5,987	93,108,654	2,103,746	45,013	-179,856	
8	64,293,018	236,047	17,894	9,152,675	3,598	
9	2,516,087	4,968	53,071,249	279,503	81,546	
10	29,543	7,125,346	180,675	7,086	29,843,015	
11	4,263	81,469	2,901	35,102,798	4,275,603	
12	17,368,940	25,178,903	4,109,573	78,269	5,296	
13	2,546,391	470,258	31,906	5,147,382	910,845	
14	62,789	5,804	84,293,765	301,296	-18,760	
15	108,276	9,132,065	679,524	8,143	31,507,248	
16	4,107	53,149	1,765	95,230,874	7,264,039	
17	95,680,243	80,729,563	2,890,356	-19,764	426,183	
18	4,561,789	407,256	31,708	2,853,917	1,536	
19	52,408	1,827	60,127,539	475,603	94,285	
20	578,614	7,923,601	395,841	3,960	83,647,102	
合计						

表 3-1-9 账表算 9

序号	一	二	三	四	五	合计
1	6,140	82,504,397	9,715,826	17,953	205,486	
2	20,518,946	691,423	37,905	9,568,237	8,013	
3	1,729,503	6,084	80,593,142	785,693	-15,724	
4	35,274	5,170,946	371,596	2,158	83,190,462	
5	724,168	98,035	9,643	81,275,640	5,918,073	
6	8,096	92,407	4,281,537	41,563	280,967	
7	57,430,219	378,145	20,598	-6,209,738	4,609	
8	6,172,398	5,079	61,284,305	830,641	96,725	
9	56,403	8,230,675	169,728	1,786	50,194,632	
10	895,276	92,507	4,130	46,173,209	7,835,146	
11	3,475	61,823,490	1,052,864	90,382	-102,569	
12	18,297,540	295,826	41,702	6,285,943	6,073	
13	3,560,274	1,569	59,430,867	412,730	27,981	
14	79,830	3,042,761	708,635	5,291	81,619,253	
15	281,379	64,502	6,278	15,906,843	3,578,140	
16	5,182	19,830,674	9,034,167	75,280	237,495	
17	60,791,345	751,836	21,984	8,290,634	8,274	
18	7,052,698	9,283	17,283,640	-105,746	50,936	
19	96,831	8,140,732	640,295	7,014	21,548,379	
20	680,214	21,875	5,379	46,190,275	6,470,398	
合计						

表 3-1-10　账表算 10

序号	一	二	三	四	五	合计
1	4,286	159,237	6,408,579	91,076,453	80,512	
2	8,607,194	67,451,982	145,387	-29,038	3,056	
3	590,731	8,407	52,036,491	32,187	5,976,241	
4	39,146,075	6,890,123	17,269	9,845	302,874	
5	430,297	75,048	8,023	1,978,256	17,526,498	
6	52,839	195,634	68,245,730	5,061,479	8,126	
7	6,805,127	2,703	350,648	92,604,513	79,413	
8	2,071,683	85,679,231	1,279	420,879	37,069	
9	6,581	40,763	9,874,361	7,184	-291,743	
10	591,436	2,908,541	20,196	58,072,349	64,307,895	
11	75,103,469	527,683	5,167,428	90,524	4,082	
12	89,524	1,789,042	790,346	1,036	53,840,167	
13	17,042,839	5,164	15,038	539,761	4,052,879	
14	4,023	908,673	95,023,487	-6,578,120	49,651	
15	78,695	49,263,051	1,509	861,073	2,834,716	
16	8,207,439	38,697	28,509,743	4,568	106,259	
17	75,694	4,512	9,476,581	930,281	93,027,158	
18	124,785	53,091,728	3,106	46,123	-7,205,316	
19	30,568,129	80,472	420,871	8,653,497	1,843	
20	3,201	3,049,516	29,356	10,748,263	605,879	
合计						

表 3-1-11 账表算 11

序号	一	二	三	四	五	合计
1	3,816,495	2,781	51,093,678	305,496	85,293	
2	41,058	7,206,193	341,587	-8,059	65,708,942	
3	250,739	90,451	8,246	75,190,426	2,815,637	
4	5,064	37,168,524	7,109,854	41,098	961,783	
5	90,238,176	805,173	21,639	5,684,127	2,017	
6	6,481,023	2,739	43,097,581	358,674	-41,632	
7	39,172	9,240,658	684,103	1,709	91,560,378	
8	950,317	89,732	9,834	84,309,265	4,017,869	
9	7,598	70,845,069	3,016,752	25,801	471,596	
10	48,061,295	104,623	40,691	-1,069,572	8,935	
11	7,208,416	9,463	83,429,567	603,729	81,254	
12	26,543	6,578,412	708,415	5,273	40,198,532	
13	135,478	91,846	1,209	63,401,825	3,705,124	
14	4,936	53,708,194	7,052,341	69,278	980,543	
15	84,072,361	641,287	30,719	3,571,482	2,869	
16	5,463,198	4,058	96,845,723	204,361	65,017	
17	72,689	1,503,296	394,267	1,873	79,082,543	
18	109,762	29,453	1,756	93,047,265	-4,709,326	
19	4,170	68,203,975	7,508,269	24,916	240,863	
20	79,065,824	654,017	16,053	9,843,751	5,146	
合计						

表 3-1-12　账表算 12

序号	一	二	三	四	五	合计
1	1,654	73,268,491	5,902,168	83,015	276,543	
2	946,538	10,674	1,083	38,174,529	3,068,421	
3	38,041	5,168,347	610,324	-9,435	69,301,785	
4	50,198	1,305,294	936,485	7,629	70,283,491	
5	8,069,274	1,275	83,107,296	320,465	95,128	
6	75,682,139	790,638	26,741	9,054,236	4,805	
7	5,683	95,267,015	8,542,396	48,062	519,782	
8	918,725	42,986	59,260,847	85,723,491	-4,130,675	
9	70,483	5,170,498	952,763	1,834	68,501,294	
10	5,249,367	5,206	1,204	917,285	75,602	
11	70,623,548	450,389	69,851	4,103,698	4,153	
12	8,916	81,534,067	1,708,635	62,479	-190,326	
13	120,987	19,634	3,147	650,817,231	7,501,492	
14	36,074	3,820,197	409,523	6,417	91,830,256	
15	9,501,247	7,328	80,724,356	360,594	43,869	
16	37,246,195	602,953	19,745	1,803,927	7,904	
17	1,203	36,091,582	4,291,537	68,071	348,267	
18	275,649	47,295	7,802	53,021,798	9,021,538	
19	5,702,398	1,362	68,530,791	140,675	36,729	
20	18,096,425	820,745	91,067	-3,095,827	6,437	
合计						

表 3-1-13 账表算 13

序号	一	二	三	四	五	合计
1	8,015	938,247	1,635,809	40,269,173	29,456	
2	35,062,748	15,308	9,427	617,835	1,295,678	
3	209,847	5,678,240	91,702,384	70,954	8,140	
4	7,153,209	91,375,624	68,730	6,279	-375,901	
5	5,186	125,068	5,601,248	84,315,790	67,240	
6	87,031,649	34,790	3,915	580,134	5,146,098	
7	912,485	8,015,279	75,290,463	67,423	2,873	
8	60,234	9,643	782,594	2 608,941	96,801,542	
9	35,786,920	21,875	1,087	-790,263	1,920,674	
10	534,207	8,956,031	25,498,376	61,048	3,098	
11	86,493	7,462	146,708	4,375,186	32,478,156	
12	2,058,169	71,893,240	53,629	2,931	260,931	
13	8,941	367,409	2,905,143	62,708,549	76,845	
14	392,078	5,396,278	21,780,564	-84,125	9,738	
15	69,237	1,906	934,271	7,246,318	93,214,870	
16	4,936,578	60,294,531	61,093	7,036	125,367	
17	1,945	715,384	8,196,537	92,175,640	93,840	
18	50,297,164	29,470	4,082	538,908	-5,360,124	
19	36,591	6,319	312,645	8,203,496	73,856,401	
20	2,913,746	51,673,490	56,804	2,518	239,760	
合计						

表 3-1-14 试算平衡表计算

科目名称	期初余额		本期发生额		期末余额	
	借方	贷方	借方	贷方	借方	贷方
库存现金	48,990.99		337,709.73	386,543.72	157.00	
银行存款	400.00		457,248.22	399,989.00	57,659.22	
应收账款	169,120.00			164,120.00	5,000.00	
应收票据			157,425.00	107,425.00	50,000.00	
预付账款	42,344.00		24,353.00	33,302.40	33,394.60	
其他应收款	12,697.00		74,865.50	39,280.10	48,282.40	
原材料	132,896.22		226,879.18	35,244.44	324,530.96	
库存商品	129,732.01		113,684.61		243,416.62	
周转材料	66,405.83		5,842.00	64,140.49	8,107.34	
固定资产	273,775.17		246,329.00	7,480.00	512,624.17	
累计折旧		7,534.82		8,330.96		15,865.78
在建工程	180,000.00			180,000.00		
长期待摊费用	59,615.08			4,269.09	55,345.99	
应付账款		156,498.80	187,256.24	182,327.04		151,569.60
预收账款				110,000.00		110,000.00
应付职工薪酬			86,668.79	87,651.87		983.08
其他应付款		8,624.00	12,836.00	217,618.02		213,406.02
实收资本		1,183,702.14				1,183,702.14
本年利润	112,164.31		96,624.86	96,624.86	112,164.31	
利润分配	128,219.15		96,624.86		224,844.01	
生产成本			113,684.61	113,684.61		
制造费用			110,274.61	110,274.61		
主营业务收入			5,220.00	5,220.00		
营业外收入			2,192.48	2,192.48		
主营业务成本			12,715.00	12,715.00		

续表

科目名称	期初余额		本期发生额		期末余额	
	借方	贷方	借方	贷方	借方	贷方
销售费用			17,315.47	17,315.47		
管理费用			59,479.87	59,479.87		
财务费用			4,067.00	4,067.00		
营业外支出			20.00	20.00		
合计						

表 3-1-15　资产负债表(简表)计算

资产	期末余额	负债和所有者权益(或股东权益)	期末余额
流动资产:		流动负债:	
货币资金	2,000,000	短期借款	500,000
应收票据	5,000,000	应付票据	350,000
应收账款	5,200,000	应付职工薪酬	800,000
预付款项	2,300,000	一年内到期的非流动负债	50,000
其他应收款	100,000	流动负债合计	
存货	12,650,000	非流动负债:	
持有待售资产	3,230,000	长期借款	1,500,000
一年内到期的非流动资产	50,000	长期应付款	80,000
流动资产合计		非流动负债合计	
非流动资产:		负债合计	
固定资产	15,000,000	所有者权益(或股东权益):	
无形资产	5,000,000	实收资本(或股本)	50,000,000
长期待摊费用	5,000,000	未分配利润	2,250,000
非流动资产合计		所有者权益(或股东权益)合计	
资产总计		负债和所有者权益(或股东权益)总计	

表 3-1-16　利润表（简表）计算

项目	本期金额
一、营业收入	3,880,000.00
减：营业成本	2,080,000.00
税金及附加	200,000.00
销售费用	210,000.00
管理费用	185,000.00
研发费用	65,000.00
财务费用（收益以"-"号填列）	210,400.00
加：投资收益（损失以"-"号填列）	-180,000.00
公允价值变动收益（损失以"-"号填列）	-100,000.00
资产减值损失（损失以"-"号填列）	-100,000.00
二、营业利润（亏损以"-"号填列）	
加：营业外收入	170,000.00
减：营业外支出	40,000.00
三、利润总额（亏损总额以"-"号填列）	
减：所得税费用	169,900.00
四、净利润（净亏损以"-"号填列）	

（2）使用电子计算器（或电子计算机数字小键盘或算盘）进行账表算比赛（题目自定）。

每张表横向 20 题，每题 5 分；纵向 5 题，每题 10 分；整表"轧平"加 50 分。比赛用时为 10 分钟，三项得分相加为最后得分。最后班级进行评比。

（3）使用大连爱丁数码产品公司爱丁学生派 7418i 输入设备准确、快速地进行账表算。

五、实训心得

任务 2 传票算技能实训

一、实训目标

1. 知识目标

(1) 了解传票算的基本概念。

(2) 了解传票算的运算要求。

(3) 掌握传票算的操作程序。

(4) 了解提高传票算速度的方法。

(5) 了解传票翻打机传票算实操步骤。

2. 技能目标

(1) 能正确摆放传票算用品。

(2) 能正确、规范地整理传票。

(3) 能准确、快速地找页。

(4) 能准确、连贯、快速翻页。

(5) 能准确数页、记页。

(6) 能熟练使用各种财经算具准确、快速地进行传票算。

二、实训所需用品

电子计算器[或电子计算机(配数字小键盘)或算盘或传票翻打机]、传票、传票算试题答题纸、黑色字迹财会专用笔、红色字迹财会专用笔(可在更正错误时使用)。

三、实训所需相关理论知识

1. 传票算的基本概念

传票是指记有文字和数字的凭证，因在有关人员之间周转传递，故称为传票。

传票运算简称为传票算，是对凭证上的数字金额进行加减运算的一种方法，也称为凭证汇总算或传票翻打。传票算可以为会计核算、财会分析、统计报表提供及时、准确、可靠的基础数据，是财经工作者必备的一项基本功，并被列入技能比赛的正式项目。

传票按是否装订，可分为订本式传票(见图 3-2-1)和活页式传票(见图 3-2-2)两种。

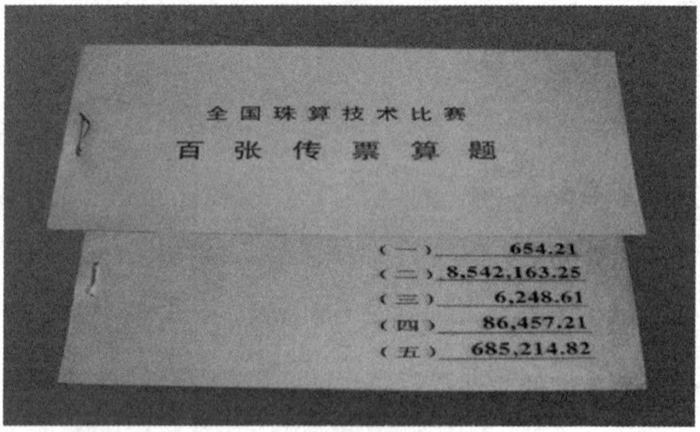

图 3-2-1　订本式传票

图 3-2-2　活页式传票

在日常练习中，传票本是练习传票算的依据。订本式传票本，一般每本为 100 页。每页的右上角印有阿拉伯数字表示页码，每页传票上印有一组或多组数字，每组数字由五行数字构成，每行数字前自上而下依次印有(一)至(五)的行次标志，“(一)”表示第一行，“(二)”表示第二行，以下同理。传票本的数字位数有所不同，目前的九位数传票本，每行最高位数有 9 位数字，最低位数有 4 位数字。

2. 传票算的运算要求

根据传票算的运算特点，计算时除使用算盘、计算器、计算机外，另需要一张传票算试题答题纸。传票算每20页为一题。例如，“题序一”即为第一题，“起止页数31~50”就是要求从第31页起，运算到第50页截止；“行次(一)”表示把第31~50页每页的第一行数字累加起来，然后将结果填写在“答案”合计栏中，传票算试题答题纸的格式如表3-2-1所示。

表3-2-1　传票算试题答题纸

题序	起止页数	行次	答案
一	47~66	(五)	
二	45~64	(三)	
三	1~20	(二)	
四	77~96	(一)	
五	73~92	(四)	
六	30~49	(二)	
七	2~21	(一)	
八	25~44	(三)	
九	23~42	(五)	
十	62~81	(四)	

在我国珠算传票算比赛中，时间为10分钟，每题计算20页某行的合计数。

3. 传票算的操作程序

(1) 准备阶段。

① 查验传票。

在进行传票运算之前，先要认真检查传票本是否有缺页、重页、破页、空白、错写或数字不清晰等现象，一经发现，应及时更换传票，待检查无误后，方可整理传票。

② 整理传票。

整理传票，即将传票捻成扇形，使每张传票均匀、自然地松动，不会出现粘在一起的情况。其方法是：两手大拇指放在封面上，其他四个手指放在封底下，左手捏住传票本的左上角，右手捏住传票本的右下角，以左手为轴，右手轻轻向里转动(弯)，将传票捻成扇面形状，扇形的大小要以上页的右下方稍突出下面一页为最佳，不宜过大或过小。整个捻传票的过程可概括为：弯—还原—弯—还原，如此反复则将传票捻成扇形。捻好后用夹子将传票左上角夹住，再用一个较小的夹子在传票的右下角将第 100 页与封底夹在一起，使之与桌面有一点间隙，便于翻动。具体操作步骤为：

a. 墩齐：双手拿起传票侧立在桌面上，将传票墩齐，如图 3-2-3 所示。

图 3-2-3　墩齐

b. 开扇：如图 3-2-4 所示。

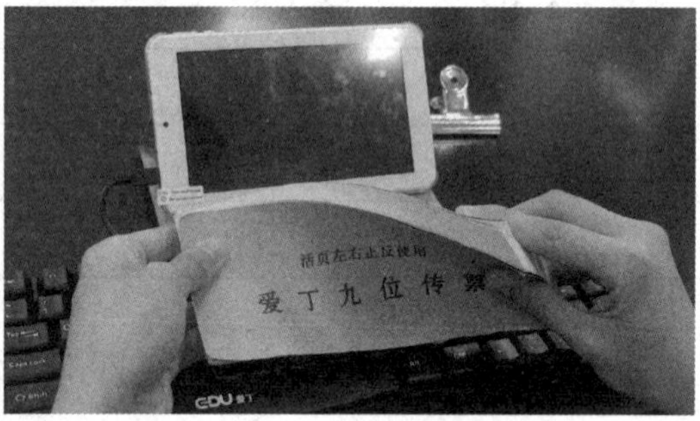

图 3-2-4　开扇

c. 夹子夹住：如图 3-2-5 所示。

图 3-2-5　夹子夹住

③ 用品摆放。

算盘作为计算工具时，传票本可摆放在算盘的左下方，具体位置以看数和计数方便为宜，传票算题单放在算盘的右下方，算盘放在中间，具体位置以拨珠方便为宜。为了节约答案书写时间，提高运算速度，在进行计算时应握笔拨珠。

计算器作为计算工具时，传票本可放在左边，答题纸放在中间，传票本应压住答题纸，以不影响看题单和书写答案方便为宜，计算器放在右边或右上方，应以输入方便为宜。为了节约答案书写时间，提高运算速度，在进行计算时应握笔运算。

采用计算机数字小键盘作为计算工具时，传票本和答题纸的摆放位置与以计算器作为计算工具时的摆放位置基本相同。

(2) 运算阶段。

① 找页。

传票算不是按照传票的自然页数运算，而是每一题都有起止页数，每计算完一题都需要找页。因此，找页也是一个计算的重要环节。

所谓找页，就是找到各题的起始页。找页动作的快慢，直接影响传票算的速度。找页时要求翻动传票两三次就能找到。找页的关键是练手感，也就是摸纸页的厚度，如 10 页、20 页、30 页、40 页等的厚度。经过一段时间的反复练习之后，要做到凭手感一次能准确摸翻 10 页、20 页、30 页、40 页……90 页。在上述摸翻练习的基础上，再练习找传票题的起始页。练习时，可以任意念一个页码，凭手感翻到其整数页，然后根据整数页再调整页数找到其起始页。为节省时间，当计算完一题，右手在抄写答数的同时，左手就要借助眼睛的余光迅速进行下一题起始页的找页。由于一边集中注意力抄写答数，一边找页是很困难的，但起码要做到快速确定下一题是顺向找页还是逆向找页，左手要做出顺翻或逆翻的动作。找页考核参考标准如表 3-2-2 所示。

表 3-2-2 传票找页考核参考标准

标准	优秀	良好	合格
以 20 题为一组测试(定量不定时)			
时间(秒)	8~10	11~13	14~16
以 20 秒为时间段测试(定时不定量)			
对题量(个)	38~40	35~37	32~34

② 翻页。

翻页的方法有一翻一页、一翻二页、一翻多页等方法，本书着重介绍一翻一页的方法。

采用一翻一页的方法时，传票算翻页是靠左手完成的，首先用左手的小拇指、无名指、中指弯曲按在传票本的封面或起始页的中部或中部稍左，然后用左手大拇指突出部位在传票的下刃边翻起传票，当大拇指翻起每一页传票后，食指立即弯缩跨过此页，放到中指和食指之间夹住。左手翻页和右手拨珠或录入计算要同时进行，每翻动一页，均迅速将数拨入或输入计算工具，票页不宜掀得过高，角度越小越好，以能看清金额数字为宜。

翻页时应做到先翻一步，即右手还没打完当页传票数字，左手就应翻到下一页。同时，为便于翻页可使用一个沾水盒放在算具的左上角，作为润指用，还可在左手大拇指戴一胶套。整个翻页的过程可概括为：按—翻—夹—翻—夹。具体操作步骤为：

a. 按：左手小拇指、无名指、中指按住传票。如图 3-2-6 所示。

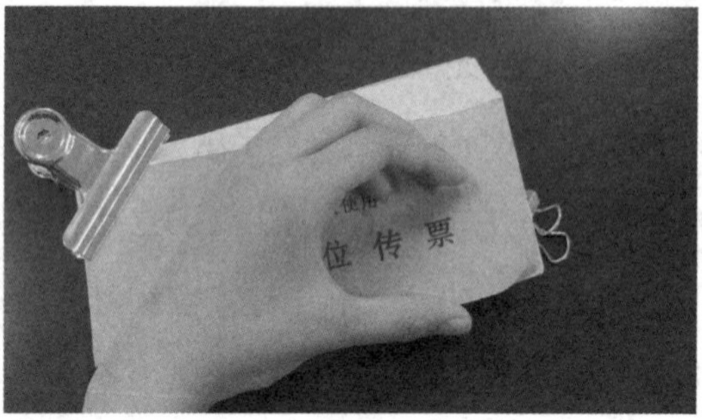

图 3-2-6　翻页步骤—按

b. 翻：如图 3-2-7 所示。

图 3-2-7　翻页步骤—翻

c. 夹：如图 3-2-8 所示。

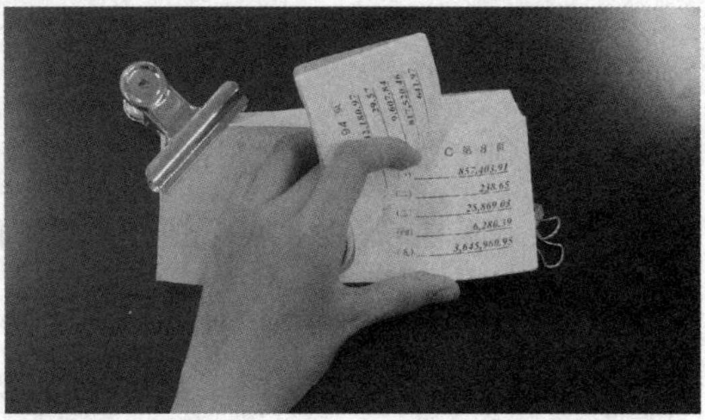

图 3-2-8　翻页步骤—夹

翻页考核参考标准如表 3-2-3 所示。

表 3-2-3　传票翻页考核参考标准

标准	优秀	良好	合格
以 100 页为准(定量不定时)			
时间(秒)	40	50	60
以 30 秒为准(定时不定量)			
翻页量(页)	60	55	50

③ 记页与数页。

为了避免打过页或打不够页，应采取记页、数页的方法。

记页，就是在运算中记住终止页，当估计快要运算完毕时，用眼睛余光扫视传票的页码，以防过页。

数页，就是边运算边默念已打过的页数，一般情况下是在计算时打一页记一页，默记到 20 页，再核对该题的起止页码，如正确无误，写上答案。如果采用的是一目两行的打法则每题只数十次，方法是：打前两页时默记 1，打次两页时默记 2……默念到 10 时，核对该题的起止页数，如无误，立即书写答案。

④ 看数与记数。

看数与记数是传票算很关键的一步，也是传票算的另一基本功。初学者对四位和五位数字应一目看完并记住，六位和七位数字以上的可分整数部分、小数部分两目看完并记住。随着练习时间的增加，逐步要做到一目完成。只有看数水平提高了才能提高传票算的水平。

a. 分节看数与记数法。

看数看得准，记得快直接影响到传票算的速度与准确度。看数一般从位数较少的开始，循序渐进。最好一开始就养成一眼看一笔数的好习惯，如果不能做到，那么也可以进行分节看数，但是分节次数越少越有利于翻打速度的提高。

第一，整数三位分节看数与记数法。

整数三位分节看数与记数法即以分节号为分隔，三位一分节，一次性看三个数并记住的方法。

如：434,332,581 可分 434-332-581 三目看完并记住。

如：26,187 可分 26-187 两目看完并记住。

第二，带小数分节看数与记数法。

带小数分节看数与记数法即以小数点作为分隔，分节看数并记住的方法。

如：665.59 可分为 665-59 两目看完并记住。

如：13,658.27 可分为 13658-27 两目看完并记住。

b. 一目一行看数与记数法。

传票算练习到一定水平后，就必须掌握一目一行看数与记数法，即对应分节号、小数点有节奏地一次性看完并记住一行数。这就需要进行大量有效的练习才能达到。

例 86,654 可分 86、654 一目看完并记住。

例 72,131.12 可分 72、131、12 一目看完并记住。

用百张传票作翻看练习时，翻一页看一笔数字，再翻到下一页看同一行数字，其考核参考标准如表 3-2-4 所示。

表 3-2-4　传票看页考核参考标准

标准	优秀	良好	合格
以 100 页为准(定量不定时)			
时间(秒)	130	140	150
以 60 秒为准(定时不定量)			
看页量(页)	45~48	43~44	40~42

看数与记数时，要防止口中读出声音。应该养成看数反应快，记数牢而准的基本功。进行看数与记数训练时，初期应采用看完一节或一个数后，迅速抬起眼睛，口中背出数字，以检验看数是否准确。熟练后可不必背出数字，只需在脑中将看的数像放电影一样放映一遍。

⑤ 写数。

采用盯显示屏或盯盘写数法写出答数。右手在写答数、清除显示屏中答数或清盘的同时，左手要找下一题的起始页。

4. 提高传票算速度的方法

传票算运算要求眼、手、脑并用，协调性强，必须加强练习。为了提高传票算的运算速度，初学者可分步进行练习。

先练习计算第五行数字，因第五行数字在传票的最下方，便于看数、记数，不容易出错；待第五行数字的计算达到一定的熟练程度后，计算的行次再逐步上移。

5. 传票翻打机传票算实操步骤

本书以大连爱丁数码产品公司爱丁学生派 7418i 输入设备的使用为例。使用爱丁学生派 7418i 进行传票算，有两种方式可供选择：一是使用“基础宝典”中的“传票录入”功能模块，二是使用“基础宝典”中的“数字传票录入”功能模块。

(1) 使用“基础宝典”中的“传票录入”的功能模块进行传票算，其具体操作如下：

① 在学生派主界面点击“基础宝典”，选择“传票录入”，进入传票录入界面，如图 3-2-9所示。在“传票录入”界面右下角对“传票算”设置“传票选择”“每组题数”“跳转方式”。

图 3-2-9 传票录入界面

② 选择“传票算”，进入传票算目录，界面如图 3-2-10 所示。

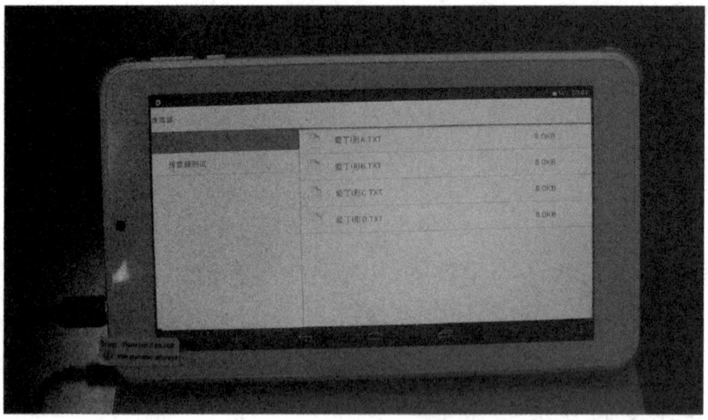

图 3-2-10　传票算目录界面

③ 选择“传票算练习”，设置相关指标：选择票面、测试时间，如图 3-2-11 所示。或者选择“传票算测试”，设置相关指标：选择票面、测试时间、起始页、行次，如图 3-2-12 所示。

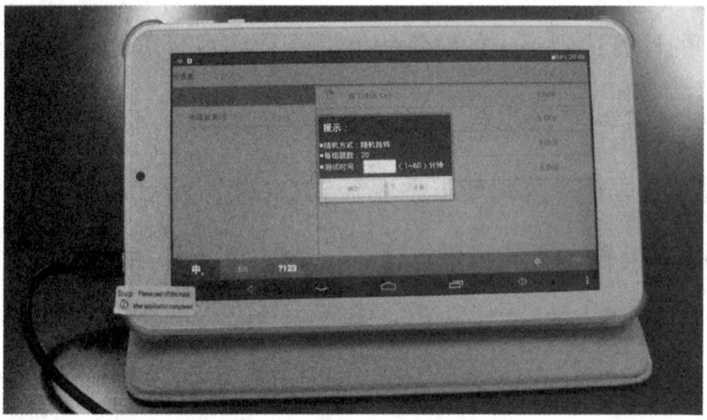

图 3-2-11　选择“传票算练习”界面

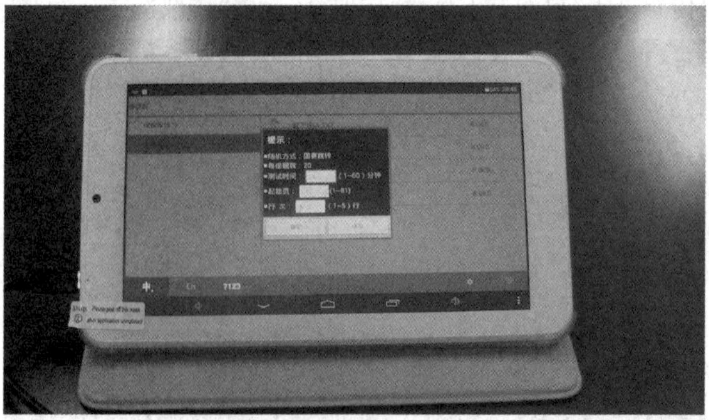

图 3-2-12　选择“传票算测试”界面

④ 设置完毕后，点击“确定”键即可开始传票算的练习或测试，录入界面如图 3-2-13 所示。

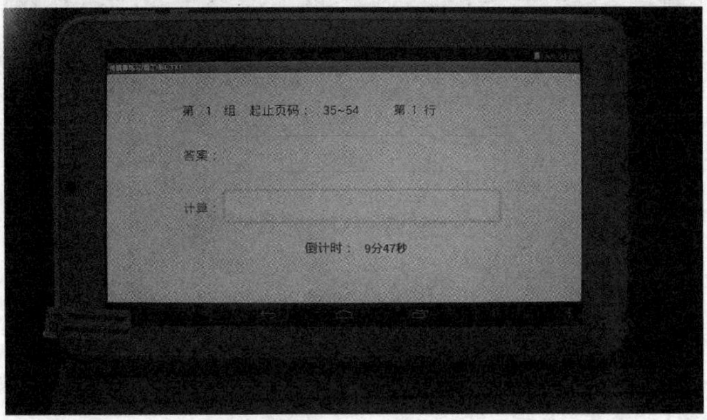

图 3-2-13 录入界面

录入界面共分成四行。第一行显示：当前输入的组别、当前组的起始页、输入的行序号。第二行显示：上一组输入数据的最终结果。第三行显示：当前组数据的计算区域，学生可以任意+/-计算。第四行显示：倒计时。用户退出或者倒计时结束时，系统会自动计算成绩，如图 3-2-14 所示，并显示在屏幕上。

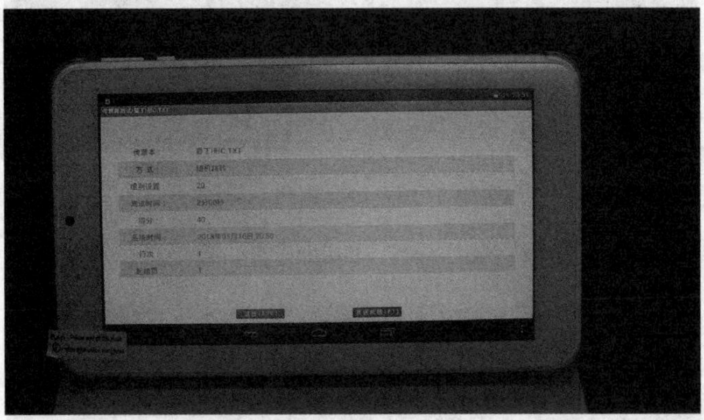

图 3-2-14 系统自动计算成绩

在成绩界面，学生可以按“F1”发送成绩，此时本次成绩会自动通过无线网络发送到教师机上，并且可以通过计算机，将成绩文件转换成 Excel 文档进行编辑和修改。本步骤需要配合 WNAP320 AP 搭建无线网络收发成绩和 WEB 教师端共同使用。

（2）使用“基础宝典”中的“数字传票录入”功能模块进行传票算，其具体操作如下：

① 在学生派主界面点击“基础宝典”，选择“数字传票录入”，进入数字传票录入界面，如图 3-2-15 所示。

图 3-2-15　传票录入界面

② 选择“传票算”，进入传票算目录，界面如图 3-2-16 所示。

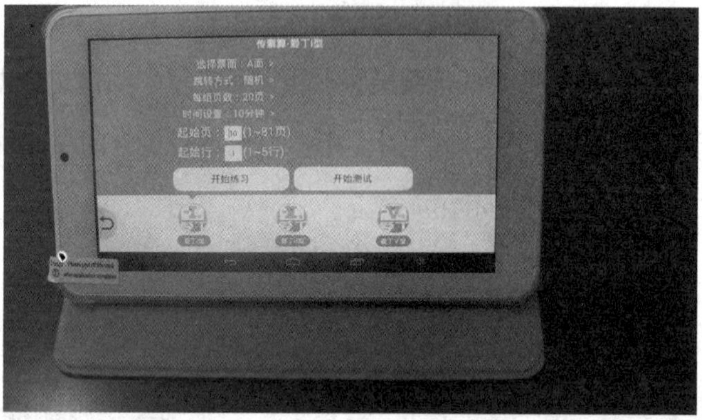

图 3-2-16　传票算目录界面

③ 设置相关指标：选择票面、每组页数、时间设置、起始页、起始行，如图 3-2-17 所示。

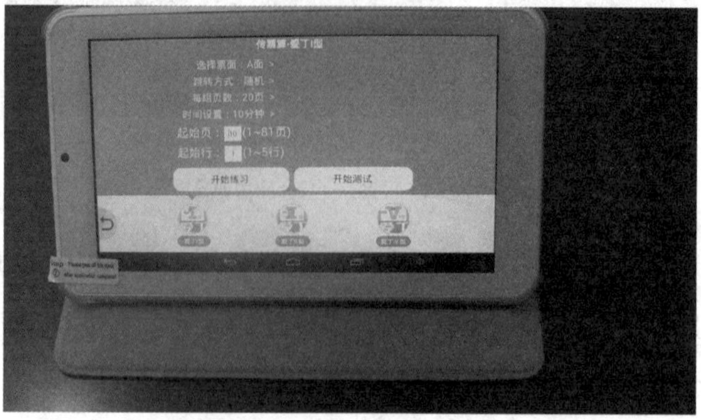

图 3-2-17　设置相关指标

④ 设置完毕后，点击“开始练习”或“开始测试”键即可开始传票录入的练习或测试，录入界面如图 3-2-18、图 3-2-19 所示。

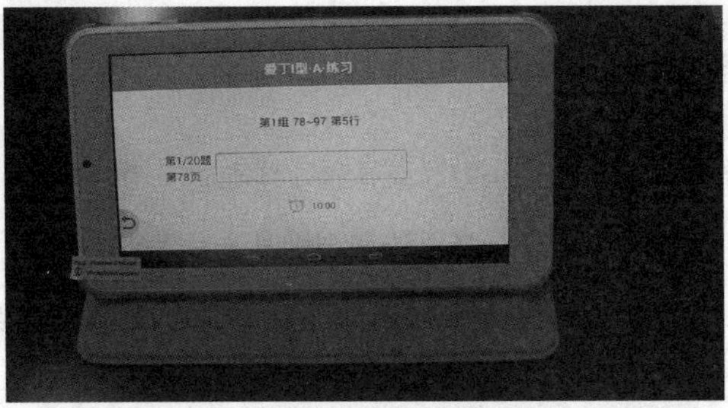

图 3-2-18 “练习”录入界面

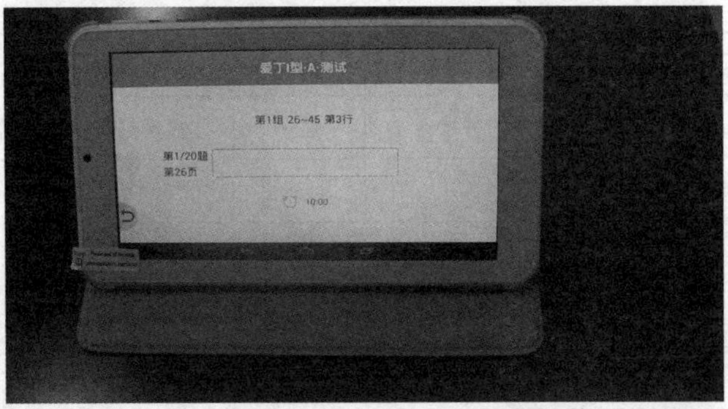

图 3-2-19 “测试”录入界面

录入界面共分成四行。第一行显示：当前输入的组别、当前组的起始页、输入的行序号。第二行显示：上一组输入数据的最终结果。第三行显示：当前组数据的计算区域，学生可以任意+/-计算。第四行显示：倒计时。用户退出或者倒计时结束时，系统会自动计算成绩，如图 3-2-20 所示，并显示在屏幕上。

图 3-2-20 系统自动计算成绩

在成绩界面，学生可以按“F1”发送成绩，此时本次成绩会自动通过无线网络发送到教师机上，并且可以通过计算机，将成绩文件转换成 Excel 文档进行编辑和修改。本步骤需要配合 WNAP320 AP 搭建无线网络收发成绩和 WEB 教师端共同使用。

四、实训内容

（1）使用计算器或计算机数字小键盘或算盘计算表 3-2-1、表 3-2-5~表 3-2-14 中的各题。达标要求：使用计算器或计算机数字小键盘进行计算，每 10 分钟做对 8 题为及格、9 题为良好、10 题为优秀；使用算盘进行计算，每 10 分钟做对 7 题为及格、8 题为良好、9 题及以上为优秀。

表 3-2-5　传票算 1

练习题(一)				练习题(二)			
题序	起止页数	行次	答题	题序	起止页数	行次	答题
一	10~29	(四)		一	26~45	(三)	
二	31~50	(五)		二	74~93	(一)	
三	14~33	(二)		三	80~99	(四)	
四	28~47	(三)		四	48~67	(二)	
五	16~35	(四)		五	75~94	(五)	
六	14~33	(一)		六	57~76	(三)	
七	28~47	(五)		七	49~68	(一)	
八	68~87	(一)		八	76~93	(四)	
九	52~71	(二)		九	38~57	(二)	
十	30~49	(五)		十	50~69	(五)	
十一	27~46	(三)		十一	46~65	(三)	
十二	4~23	(一)		十二	24~43	(一)	
十三	7~26	(四)		十三	51~70	(四)	
十四	30~49	(二)		十四	28~47	(二)	
十五	54~73	(五)		十五	25~44	(五)	
十六	52~71	(五)		十六	29~48	(五)	
十七	62~81	(二)		十七	7~26	(二)	
十八	37~56	(一)		十八	61~80	(一)	
十九	26~45	(四)		十九	15~34	(四)	
二十	74~93	(三)		二十	8~27	(三)	

表 3-2-6 传票算 2

练习题(三)				练习题(四)			
题序	起止页数	行次	答题	题序	起止页数	行次	答题
一	20~39	(五)		一	15~34	(三)	
二	69~88	(一)		二	39~58	(五)	
三	75~94	(三)		三	63~82	(二)	
四	43~62	(二)		四	6~25	(四)	
五	70~89	(四)		五	30~49	(五)	
六	52~71	(三)		六	54~73	(三)	
七	44~63	(一)		七	78~97	(二)	
八	65~84	(四)		八	3~22	(一)	
九	33~52	(二)		九	27~46	(四)	
十	45~64	(五)		十	51~70	(五)	
十一	35~54	(一)		十一	76~95	(二)	
十二	19~38	(三)		十二	4~23	(四)	
十三	46~65	(四)		十三	28~47	(一)	
十四	23~42	(二)		十四	52~71	(三)	
十五	25~44	(五)		十五	77~96	(一)	
十六	24~43	(四)		十六	5~24	(四)	
十七	2~21	(二)		十七	29~48	(二)	
十八	56~75	(一)		十八	34~53	(三)	
十九	10~29	(五)		十九	58~77	(四)	
二十	3~22	(三)		二十	80~99	(五)	

表 3-2-7　传票算 3

练习题(五)				练习题(六)			
题序	起止页数	行次	答题	题序	起止页数	行次	答题
一	10~29	(三)		一	9~28	(五)	
二	36~55	(一)		二	49~68	(一)	
三	60~79	(四)		三	63~82	(四)	
四	26~45	(二)		四	10~29	(二)	
五	50~69	(五)		五	64~83	(五)	
六	74~93	(三)		六	74~93	(三)	
七	16~35	(一)		七	80~99	(五)	
八	19~38	(四)		八	48~67	(四)	
九	43~62	(二)		九	75~94	(一)	
十	67~86	(五)		十	57~76	(三)	
十一	20~39	(三)		十一	49~68	(四)	
十二	44~63	(一)		十二	6~25	(一)	
十三	68~87	(四)		十三	8~27	(三)	
十四	21~40	(二)		十四	9~28	(五)	
十五	45~64	(五)		十五	12~31	(四)	
十六	69~88	(五)		十六	11~30	(二)	
十七	22~41	(二)		十七	58~77	(一)	
十八	46~65	(一)		十八	62~81	(三)	
十九	70~89	(四)		十九	9~28	(五)	
二十	57~76	(三)		二十	49~68	(二)	

表 3-2-8 传票算 4

练习题(七)				练习题(八)			
题序	起止页数	行次	答题	题序	起止页数	行次	答题
一	15~34	(四)		一	8~27	(五)	
二	77~96	(五)		二	32~51	(二)	
三	4~23	(二)		三	55~74	(四)	
四	3~22	(三)		四	79~98	(一)	
五	63~82	(一)		五	9~28	(三)	
六	70~89	(三)		六	33~52	(五)	
七	33~52	(二)		七	56~75	(四)	
八	45~64	(一)		八	81~100	(二)	
九	68~87	(四)		九	12~31	(一)	
十	21~40	(五)		十	35~54	(三)	
十一	4~23	(二)		十一	59~78	(五)	
十二	79~98	(四)		十二	17~36	(三)	
十三	30~49	(一)		十三	41~60	(一)	
十四	39~58	(三)		十四	65~84	(四)	
十五	7~26	(五)		十五	18~37	(五)	
十六	11~30	(四)		十六	42~61	(三)	
十七	59~78	(二)		十七	66~85	(五)	
十八	28~47	(三)		十八	13~32	(四)	
十九	48~67	(一)		十九	37~56	(一)	
二十	10~29	(五)		二十	61~80	(三)	

表 3-2-9　传票算 5

练习题(九)				练习题(十)			
题序	起止页数	行次	答题	题序	起止页数	行次	答题
一	35～5	(四)		一	33～52	(三)	
二	79～98	(一)		二	50～69	(五)	
三	6～25	(三)		三	28～47	(二)	
四	24～43	(二)		四	9～28	(一)	
五	51～70	(五)		五	43～62	(四)	
六	14～33	(一)		六	66～85	(一)	
七	69～88	(四)		七	7～26	(五)	
八	58～77	(三)		八	40～59	(二)	
九	26～45	(五)		九	15～34	(三)	
十	72～91	(二)		十	17～36	(四)	
十一	18～37	(三)		十一	71～90	(三)	
十二	60～79	(四)		十二	32～51	(一)	
十三	12～31	(五)		十三	22～41	(四)	
十四	4～23	(一)		十四	5～24	(二)	
十五	38～57	(二)		十五	68～87	(五)	
十六	21～40	(五)		十六	74～93	(三)	
十七	70～89	(三)		十七	37～56	(二)	
十八	3～22	(二)		十八	13～32	(一)	
十九	48～67	(一)		十九	52～71	(四)	
二十	64～83	(四)		二十	78～97	(五)	

表 3-2-10 传票算 6

练习题(十一)				练习题(十二)			
题序	起止页数	行次	答题	题序	起止页数	行次	答题
一	63~82	(一)		一	74~93	(四)	
二	43~62	(五)		二	45~64	(五)	
三	17~36	(二)		三	31~50	(二)	
四	59~78	(四)		四	26~45	(三)	
五	66~85	(三)		五	5~24	(一)	
六	9~28	(二)		六	15~34	(三)	
七	19~38	(五)		七	50~69	(二)	
八	40~59	(一)		八	6~25	(一)	
九	28~47	(四)		九	61~80	(四)	
十	80~99	(三)		十	70~89	(五)	
十一	75~94	(二)		十一	33~52	(二)	
十二	62~81	(五)		十二	16~35	(四)	
十三	20~39	(三)		十三	55~74	(一)	
十四	49~68	(四)		十四	64~83	(三)	
十五	8~27	(一)		十五	14~33	(五)	
十六	30~49	(二)		十六	4~23	(四)	
十七	46~65	(四)		十七	53~72	(二)	
十八	73~92	(三)		十八	79~98	(三)	
十九	3~22	(五)		十九	25~44	(一)	
二十	58~77	(一)		二十	60~79	(五)	

表 3-2-11　传票算 7

练习题(十三)				练习题(十四)			
题序	起止页数	行次	答题	题序	起止页数	行次	答题
一	53~72	(三)		一	25~44	(二)	
二	63~82	(四)		二	44~63	(一)	
三	1~20	(五)		三	6~25	(三)	
四	39~58	(一)		四	62~81	(四)	
五	58~77	(二)		五	73~92	(五)	
六	5~24	(三)		六	2~21	(一)	
七	59~78	(五)		七	33~52	(四)	
八	47~66	(一)		八	52~71	(二)	
九	12~31	(二)		九	71~90	(五)	
十	32~51	(四)		十	46 65	(三)	
十一	7~26	(五)		十一	4~23	(四)	
十二	15~34	(二)		十二	31~50	(五)	
十三	26~45	(三)		十三	60~79	(三)	
十四	31~50	(四)		十四	43~62	(一)	
十五	9~28	(一)		十五	80~99	(二)	
十六	3~22	(五)		十六	12~31	(五)	
十七	11~30	(一)		十七	40~59	(三)	
十八	24~43	(三)		十八	59~78	(二)	
十九	16~35	(二)		十九	65~84	(一)	
二十	22~41	(四)		二十	48~67	(四)	

表 3-2-12 传票算 8

练习题(十五)				练习题(十六)			
题序	起止页数	行次	答题	题序	起止页数	行次	答题
一	1~20	(三)		一	52~71	(三)	
二	40~59	(四)		二	62~81	(四)	
三	58~77	(一)		三	37~56	(五)	
四	29~48	(五)		四	6~25	(四)	
五	16~35	(二)		五	8~27	(三)	
六	76~95	(一)		六	9~28	(三)	
七	18~37	(五)		七	12~31	(五)	
八	53~72	(四)		八	11~30	(一)	
九	25~44	(二)		九	16~35	(三)	
十	79~98	(三)		十	19~38	(四)	
十一	43~62	(一)		十一	65~84	(五)	
十二	71~90	(四)		十二	76~95	(二)	
十三	5~24	(二)		十三	77~96	(三)	
十四	31~50	(五)		十四	78~97	(四)	
十五	49~68	(三)		十五	8~27	(一)	
十六	22~41	(一)		十六	32~51	(五)	
十七	20~39	(五)		十七	45~64	(一)	
十八	56~75	(二)		十八	33~52	(三)	
十九	74~93	(四)		十九	34~53	(二)	
二十	36~55	(三)		二十	46~61	(二)	

表 3-2-13　传票算 9

练习题(十七)				练习题(十八)			
题序	起止页数	行次	答题	题序	起止页数	行次	答题
一	31~50	(一)		一	9~28	(五)	
二	14~33	(四)		二	36~55	(二)	
三	28~47	(二)		三	54~73	(四)	
四	68~87	(五)		四	78~97	(一)	
五	52~71	(三)		五	18~37	(三)	
六	42~61	(一)		六	74~93	(五)	
七	63~82	(四)		七	42~61	(四)	
八	31~50	(二)		八	14~33	(二)	
九	46~65	(五)		九	70~89	(一)	
十	70~89	(三)		十	61~80	(三)	
十一	39~58	(一)		十一	3~22	(五)	
十二	44~63	(四)		十二	23~42	(三)	
十三	71~90	(二)		十三	50~69	(一)	
十四	67~86	(五)		十四	68~87	(四)	
十五	45~64	(三)		十五	39~58	(二)	
十六	56~75	(三)		十六	11~30	(三)	
十七	27~46	(五)		十七	30~49	(五)	
十八	78~97	(二)		十八	69~88	(四)	
十九	1~20	(四)		十九	5~24	(一)	
二十	69~88	(一)		二十	76~95	(二)	

表 3-2-14　传票算 10

练习题(十九)				练习题(二十)			
题序	起止页数	行次	答题	题序	起止页数	行次	答题
一	72~91	(一)		一	58~77	(五)	
二	15~34	(四)		二	62~81	(二)	
三	5~24	(二)		三	9~28	(四)	
四	55~74	(五)		四	49~68	(一)	
五	61~80	(三)		五	63~82	(三)	
六	24~43	(四)		六	10~29	(五)	
七	44~63	(五)		七	64~83	(四)	
八	12~31	(三)		八	53~72	(二)	
九	40~59	(一)		九	11~30	(一)	
十	25~44	(二)		十	37~56	(三)	
十一	42~61	(五)		十一	1~20	(五)	
十二	63~82	(三)		十二	25~44	(三)	
十三	50~69	(二)		十三	31~50	(一)	
十四	9~28	(一)		十四	36~55	(四)	
十五	70~89	(四)		十五	2~21	(五)	
十六	45~64	(五)		十六	8~27	(三)	
十七	47~66	(二)		十七	5~24	(五)	
十八	8~27	(一)		十八	3~22	(四)	
十九	27~46	(四)		十九	29~48	(一)	
二十	46~65	(三)		二十	27~46	(三)	

(2) 使用爱丁学生派 7418i 输入设备按表 3-2-15 要求设置传票算指标，使用爱丁九

位传票完成录入测试并发送成绩报告。

表 3-2-15　设置传票算指标 1

选择票面	每组题数	时间设置	起始页	起始行
A	10	5 分钟	20	3

（3）使用爱丁学生派 7418i 输入设备按表 3-2-16 要求设置传票算指标，使用爱丁九位传票完成录入测试并发送成绩报告。

表 3-2-16　设置传票算指标 2

选择票面	每组题数	时间设置	起始页	起始行
B	10	5 分钟	46	4

（4）使用爱丁学生派 7418i 输入设备按表 3-2-17 要求设置传票算指标，使用爱丁九位传票完成录入测试并发送成绩报告。

表 3-2-17　设置传票算指标 3

选择票面	每组题数	时间设置	起始页	起始行
C	20	10 分钟	11	2

（5）使用爱丁学生派 7418i 输入设备按表 3-2-18 要求设置传票算指标，使用爱丁九位传票完成录入测试并发送成绩报告。

表 3-2-18　设置传票算指标 4

选择票面	每组题数	时间设置	起始页	起始行
D	20	10 分钟	9	1

五、实训心得

任务3　票币算技能实训

一、实训目标

1. 知识目标

(1) 了解票币算的概念。

(2) 了解票币算的用品摆放方法。

(3) 掌握票币算的方法。

(4) 了解票币算题型及计算步骤。

(5) 了解传票翻打机票币算实操步骤。

2. 技能目标

(1) 能准确、快速地进行1倍、2倍、5倍的乘法心算。

(2) 能熟练使用各种财经算具准确、快速地进行票币算。

二、实训所需用品

电子计算器[或电子计算机(配数字小键盘)或算盘或传票翻打机]、票币算题纸、黑色字迹财会专用笔、红色字迹财会专用笔(可在更正错误时使用)。

三、实训所需相关理论知识

1. 票币算简介

票币算就是对不同面额、不同张数的票币组合，迅速计算出它们的合计金额。

2. 票币算的用品摆放

以算盘作为计算工具时，票币算题纸可摆放在算盘左方偏上的位置，也可放在算盘下面，具体位置以拨珠方便为宜。计算时，左手指数，并随着计算把计算资料向上推，使其计算的行数尽量与盘面的距离接近，以便看数、拨珠。为了节约答案书写时间，提高运算速度，在进行计算时应握笔拨珠。

在使用计算器、计算机数字小键盘作为票币算计算工具时，用品的摆放要求与使用计算器、计算机数字小键盘作为账表算计算工具时相同，这里不再赘述。

3. 票币算的题型

票币算的题型有竖版（见表 3-3-1）和横版（见表 3-3-2）两种。

表 3-3-1　竖版

序号	第 1 题		第 2 题		第 3 题		第 4 题		第 5 题		第 6 题	
券别	张（枚）数	金额	张（枚）数	金额	张（枚）数	金额	张（枚）数	金额	张（枚）数	金额	张（枚）数	金额
100 元	89		19		47		36		71		28	
50 元	37		43		85		24		14		73	
20 元	78		64		59		46		35		13	
10 元	96		56		76		87		23		45	
5 元	28		38		17		72		94		35	
2 元	32		55		67		15		29		46	
1 元	41		86		52		74		38		98	
5 角	56		43		67		52		15		76	
2 角	18		61		12		88		49		97	
1 角	74		44		38		24		58		81	
5 分	36		28		93		69		72		19	
2 分	15		74		63		11		59		33	
1 分	66		55		99		28		75		48	
	答案（元）		答案（元）		答案（元）		答案（元）		答案（元）		答案（元）	

表 3-3-2　横版

序号	券别和张数													金额（元）
	100 元	50 元	20 元	10 元	5 元	2 元	1 元	5 角	2 角	1 角	5 分	2 分	1 分	
1	96	51	82	77	32	18	54	48	27	85	24	12	71	
2	82	73	21	69	46	94	37	67	15	55	27	56	41	
3	56	87	64	38	79	47	44	96	75	48	14	28	84	
4	42	94	55	16	28	61	82	73	89	26	17	49	59	

4. 票币算的方法

(1) 方法一：心算+财经计算工具[算盘、计算器、电子计算机(配数字小键盘)]。

① 心算出券别金额。

a. 券别为1的倍数(100元、10元、1元、1角和1分)时的心算方法。

方法一：用券别乘以张(枚)数。

方法二：券别是100元，在对应的张数后面加2个0，券别是10元加1个0，券别是1元不加0，券别是0.1元则在对应张(枚)数上小数点向左移一位，券别是0.01元则在对应张(枚)数上小数点向左移两位。

【例3-3-1】 券别100元的32张，金额为100×32=3,200.00(元)，或在32后面加2个0得3,200.00(元)。

【例3-3-2】 券别10元的32张，金额为10×32=320.00(元)，或在32后面加1个0得320.00(元)。

【例3-3-3】 券别1元的32张(枚)，金额为1×32=32.00(元)，或在32后面不加0得32.00(元)。

【例3-3-4】 券别1角的32张(枚)，金额为0.1×32=3.20(元)，或在32上向左移一位小数点得3.20(元)。

【例3-3-5】 券别1分的32张(枚)，金额为0.01×32=0.32，或在32上向左移两位小数点得0.32(元)。

【例3-3-6】 快速求出表3-3-3中所列的人民币票币金额。

表3-3-3　人民币票币算表1

券别	100元	10元	1元	1角	1分
张(枚)数	12	25	30	95	46
金额(元)					

答案(元)：1,200.00；250.00；30.00；9.50；0.46。

b. 券别为2的倍数(20元、2元、2角和2分)时的心算方法。

方法一：券别乘以张数。

方法二：张(枚)数加张(枚)数，再分别乘以 10、1、0.1 和 0.01。

方法三：因为一个数乘以 2 实际上是这个数自身翻倍，结合乘积的进位规律：后位满 5 进 1。因此，券别为 2 的倍数时的心算规律是：算前位、看后位、提前进位。

【例 3-3-7】 券别 20 元，36 张，金额 = 20×36 = 720.00(元)或(36+36)×10 = 720.00(元)或算前位，3 自身翻倍得 06(由于不进位，十位的 0 不用写出来)，写个位的 6 之前先看后位上的数，后位上的数是 6，已经满 5 就要进 1，需要在 6 上加 1，直接写 7，同时后位 6 自身翻倍后个位是 2，结果为 720.00(元)。

【例 3-3-8】 券别 2 元，51 张，金额 = 2×51 = 102.00(元)或(51+51)×1 = 102.00(元)或算前位，5 自身翻倍得 10，十位进位先写 1，在写个位的 0 之前先看后位上的数，后位上的数是 2，不满 5 不用进 1，直接写 0，1 翻倍得 2，结果为 102.00(元)。

【例 3-3-9】 券别 2 角，23 张(枚)，金额 = 0.2×23 = 4.60(元)或(23+23)×0.1 = 4.60(元)或算前位，2 自身翻倍得 04(由于不进位，十位的 0 不用写出来)，写个位的 4 之前先看后位上的数，后位上的数是 3，不满 5 不用进 1，直接写 4，3 翻倍得 6，结果为 4.60(元)。

【例 3-3-10】 券别 2 分，17 张(枚)，金额 = 0.02×17 = 0.34(元)或(17+17)×0.01 = 0.34(元)或算前位，1 自身翻倍得 02(由于不进位，十位的 0 不用写出来)，写个位的 2 之前先看后位上的数，后位上的数是 7，已经满 5 就要进 1，需要在 2 上加 1，直接写 3，同时后位 7 自身翻倍后个位是 4，结果为 0.34(元)。

【例 3-3-11】 快速求出表 3-3-4 中所列的人民币票币金额。

表 3-3-4　人民币票币算表 2

券别	20 元	2 元	2 角	2 分
张(枚)数	63	37	78	12
金额(元)				

答案(元)1,260；74.00；15.60；0.24。

c. 券别为 5 的倍数(50 元、5 元、5 角和 5 分)时的心算方法。

用张(枚)数除以 2，再分别乘以 100、10、1 和 0.1。

【例 3-3-12】 券别 50 元，64 张，金额 = 64÷2×100 = 32×100 = 3，200.00(元)。

【例 3-3-13】 券别 5 元，43 张，金额 = 43÷2×10 = 21.5×10 = 215.00(元)。

【例 3-3-14】　券别 5 角，86 张(枚)，金额=86÷2×1=43×1=43.00(元)。

【例 3-3-15】　券别 5 分，72 张(枚)，金额=72÷2×0.1=36×0.1=3.60(元)。

【例 3-3-16】　快速求出表 3-3-5 中所列的人民币票币金额。

表 3-3-5　人民币票币算表 3

券别	50 元	5 元	5 角	5 分
张(枚)数	24	35	38	67
金额(元)				

答案(元)：1,200.00；175.00；19.00；3.35。

②把心算好的券别金额加到财经计算工具[算盘、计算器、电子计算机(配数字小键盘)]上。

③边心算边加，不断重复①和②的步骤，直至运算完。

【例 3-3-17】　心算出券别金额，把心算好的券别金额用计算器的“+”键进行计算，求出表 3-3-1 所示第 1 题的合计数，其运算思路为：纵向 13 个算题采用一目一行算法输入，每输入一个数按一次“+”键，输入完这一道题的最后一个数，按“=”键或“+”键，显示屏上显示的数就是计算的结果。具体运算过程如下：

a. 心算券别 100 元，89 张，金额=100×89=8,900 元，将 8,900 输入到计算器。

b. 心算券别 50 元，37 张，金额=37÷2×100=18.5×100=1,850 元，按“+”键，将 1,850输入计算器。

c. 心算券别 20 元，78 张，金额=(78+78)×10=1,560 元，按“+”键，将 1,560 输入计算器；依此类推，心算 10 元 96 张 960 元，按“+”键，输入 960；心算 5 元 28 张 140 元，按“+”键，输入 140；心算 2 元 32 张 64 元，按“+”键，输入 64；心算 1 元 41 张(枚)41 元，按“+”键，输入 41；心算 5 角 56 张(枚)28 元，按“+”键，输入 28；心算 2 角 18 张(枚)3.6 元，按“+”键，输入 3.6；心算 1 角 74 张(枚)7.4 元，按“+”键，输入 7.4；心算 5 分 36 张(枚)1.8 元，按“+”键，输入 1.8；心算 2 分 15 张(枚)0.3 元，按“+”键，输入 0.3；心算 1 分 66 张(枚)0.66 元，按“+”键，输入 0.66；按“=”键得总和 13,556.76。

(2)方法二：不用心算，直接用计算器的“×”“=”和“GT”键，或者用“×”“M+”和“MRC”键进行求和。

【例 3-3-18】 不用心算，直接用计算器的“×”“=”和“GT”键，或者用“×”“M+”和“MRC”键，求出表 3-3-2 中第 2 题的合计数，其运算步骤如下：

① 按“AC”键，清除储存在计算器里的全部数字。

② 按“100×82=”，累加 8，200 到计算器中；按“50×73=”，累加 3,650；按“20×21=”，累加 420；按“10×69=”，累加 690；按“5×46=”，累加 230；按“2×94=”，累加 188；按“1×37=”，累加 37；按“0.5×67=”，累加 33.5；按“0.2×15=”，累加 3；按“0.1×55=”，累加 5.5；按“0.05×27=”，累加 1.35；按“0.02×56=”，累加 1.12；按“0.01×41=”，累加 0.41；按“GT”键得总和 13,459.88。

注：用计算器的“×”“M+”和“MRC”键进行票币算，只要把上面运算步骤②中的所有“=”键换成“M+”键，把“GT”键换成“MRC”键就可以了。

5. 传票翻打机票币算实操步骤

本书以大连爱丁数码产品公司爱丁学生派 7418i 输入设备的使用为例。使用爱丁学生派 7418i 进行票币算，具体操作如下：

（1）在学生派主界面点击“基础宝典”，选择“计算应用”，进入计算应用界面，如图 3-3-1所示。

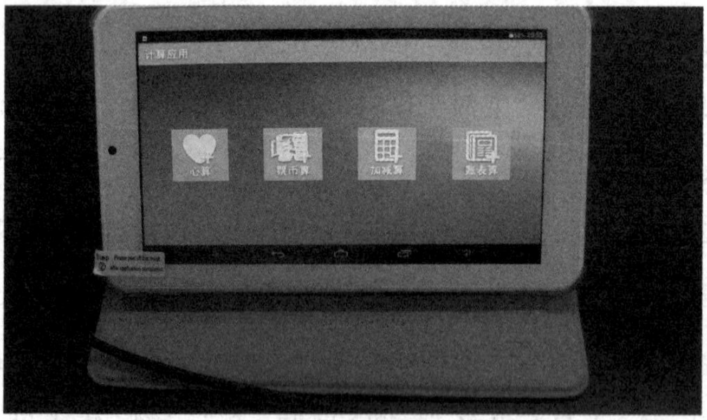

图 3-3-1 计算应用界面

（2）选择“票币算”，进入票币算目录，界面如图 3-3-2 所示。

（3）选择“练习”或选择“测试”，进入图 3-3-3、图 3-3-4 所示界面。

（4）设置“时间、随机系数”即可开始票币算的练习或测试，录入界面如图 3-3-5、图 3-3-6所示。

测试结束后，学生可以按“F1”发送成绩，如图 3-3-7 所示。此时本次成绩会自动通过无线网络发送到教师机上，并且可以通过计算机，将成绩文件转换成 Excel 文档进行编辑和修改。本步骤需要配合 WNAP320 AP 搭建无线网络收发成绩和 WEB 教师端共同使用。练习则不能发送成绩。

图 3-3-2 票币算目录界面

图 3-3-3 “练习”界面

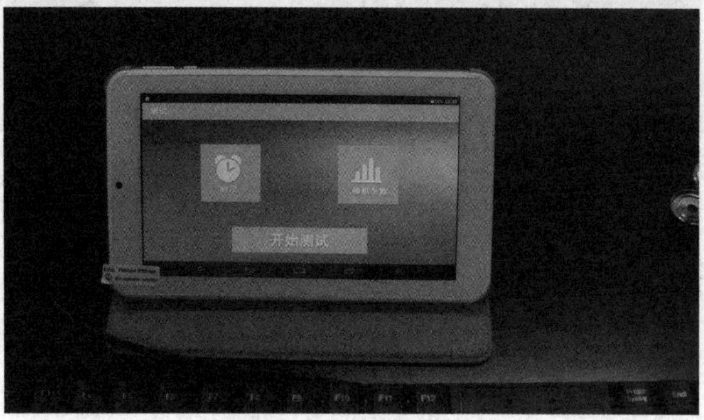

图 3-3-4 “测试”界面

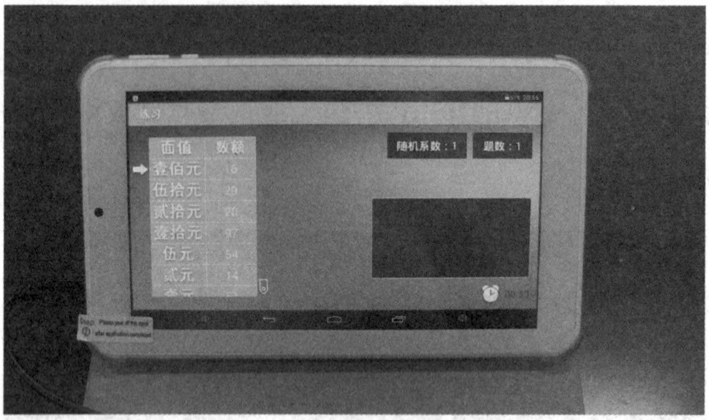

图 3-3-5 “练习”录入界面

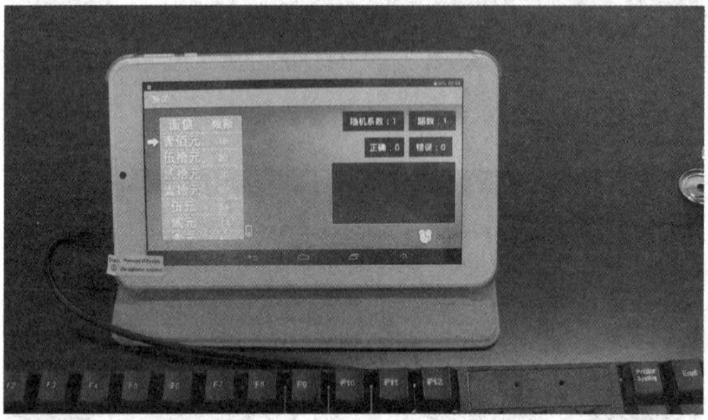

图 3-3-6 “测试”录入界面

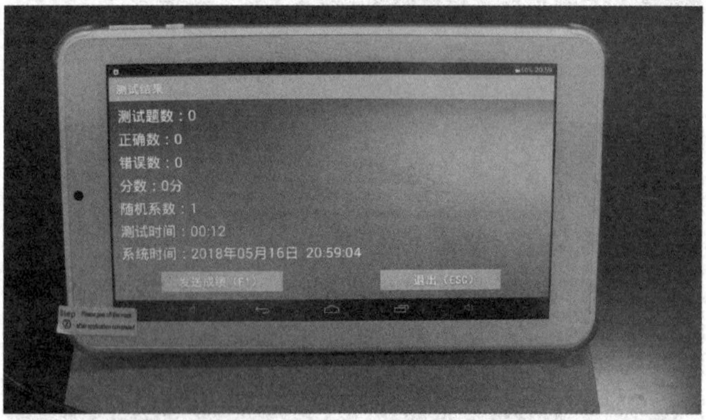

图 3-3-7 测试结束后的界面

四、实训内容

（1）完成表 3-3-6、表 3-3-7 的计算，进行 1 的心算实训。

表 3-3-6　1 的心算实训 1

券别	张（枚）数	金额（元）	券别	张（枚）数	金额（元）	券别	张（枚）数	金额（元）	券别	张（枚）数	金额（元）	券别	张（枚）数	金额（元）	券别	张（枚）数	金额（元）
10 元	18		1 分	57		10 元	22		1 元	36		10 元	97		1 元	64	
10 元	56		1 分	25		10 元	76		1 元	15		10 元	23		1 元	45	
10 元	29		1 分	96		10 元	48		1 元	79		10 元	32		1 元	55	
10 元	81		1 分	71		10 元	97		1 元	57		10 元	54		1 元	75	
1 角	98		1 分	63		1 角	73		1 分	66		1 角	48		1 分	36	
1 角	47		1 分	86		1 角	62		1 分	83		1 角	69		1 分	83	
1 角	35		1 分	54		1 角	39		1 分	98		1 角	74		1 分	99	
1 角	69		1 分	41		1 角	85		1 分	21		1 角	88		1 分	27	

表 3-3-7　1 的心算实训 2

券别	张（枚）数	金额（元）	券别	张（枚）数	金额（元）	券别	张（枚）数	金额（元）	券别	张（枚）数	金额（元）	券别	张（枚）数	金额（元）	券别	张（枚）数	金额（元）
10 元	29		1 元	16		10 元	89		1 元	56		10 元	14		1 元	56	
10 元	37		1 元	43		10 元	26		1 元	48		10 元	64		1 元	85	
10 元	52		1 元	56		10 元	52		1 元	54		10 元	52		1 元	26	
10 元	47		1 元	77		10 元	37		1 元	76		10 元	65		1 元	65	
1 角	58		1 分	68		1 角	48		1 分	62		1 角	37		1 元	60	
1 角	67		1 分	84		1 角	79		1 分	13		1 角	93		1 元	43	
1 角	84		1 元	96		1 角	72		1 分	88		1 角	24		1 元	58	
1 角	71		1 分	38		1 角	63		1 分	21		1 角	51		1 元	91	

（2）完成表3-3-8、表3-3-9的计算，进行2的心算实训。

表3-3-8　2的心算实训1

券别	张（枚）数	金额（元）	券别	张（枚）数	金额（元）	券别	张（枚）数	金额（元）	券别	张（枚）数	金额（元）	券别	张（枚）数	金额（元）	券别	张（枚）数	金额（元）
20元	85		2元	46		20元	89		2元	76		20元	52		2元	65	
20元	37		2元	53		20元	62		2元	19		20元	27		2元	85	
20元	21		2元	68		20元	59		2元	52		20元	67		2元	93	
20元	56		2元	77		20元	37		2元	99		20元	37		2元	58	
2角	72		2分	25		2角	28		2分	62		2角	58		2分	37	
2角	65		2分	84		2角	97		2分	43		2角	44		2分	79	
2角	18		2分	96		2角	72		2分	88		2角	87		2分	45	
2角	41		2分	38		2角	13		2分	21		2角	93		2分	21	

表3-3-9　2的心算实训2

券别	张（枚）数	金额（元）	券别	张（枚）数	金额（元）	券别	张（枚）数	金额（元）	券别	张（枚）数	金额（元）	券别	张（枚）数	金额（元）	券别	张（枚）数	金额（元）
20元	56		2元	83		20元	27		2元	61		20元	14		2元	86	
20元	43		2元	45		20元	94		2元	45		20元	57		2元	95	
20元	16		2元	56		20元	32		2元	83		20元	32		2元	46	
20元	77		2元	71		20元	86		2元	25		20元	69		2元	75	
2角	66		2分	68		2角	48		2分	76		2角	48		2分	66	
2角	84		2分	36		2角	69		2分	56		2角	87		2分	23	
2角	97		2分	98		2角	75		2分	98		2角	74		2分	38	
2角	38		2分	15		2角	53		2分	21		2角	96		2分	59	

(3)完成表 3-3-10、表 3-3-11 的计算，进行 5 的心算实训。

表 3-3-10　5 的心算实训 1

券别	张(枚)数	金额(元)	券别	张(枚)数	金额(元)	券别	张(枚)数	金额(元)	券别	张(枚)数	金额(元)	券别	张(枚)数	金额(元)	券别	张(枚)数	金额(元)
50 元	61		5 元	86		50 元	72		5 元	85		50 元	83		5 元	35	
50 元	45		5 元	95		50 元	62		5 元	37		50 元	45		5 元	27	
50 元	83		5 元	46		50 元	59		5 元	21		50 元	56		5 元	49	
50 元	25		5 元	75		50 元	37		5 元	56		50 元	71		5 元	73	
5 角	31		5 分	66		5 角	28		5 分	72		5 角	68		5 分	16	
5 角	56		5 分	23		5 角	97		5 分	65		5 角	36		5 分	91	
5 角	98		5 分	38		5 角	89		5 分	18		5 角	98		5 分	58	
5 角	76		5 分	59		5 角	19		5 分	41		5 角	25		5 分	66	

表 3-3-11　5 的心算实训 2

券别	张(枚)数	金额(元)	券别	张(枚)数	金额(元)	券别	张(枚)数	金额(元)	券别	张(枚)数	金额(元)	券别	张(枚)数	金额(元)	券别	张(枚)数	金额(元)
50 元	59		5 角	84		50 元	42		5 元	37		50 元	97		5 元	66	
50 元	77		5 角	43		50 元	17		5 元	25		50 元	63		5 元	47	
50 元	41		5 角	56		50 元	36		5 元	56		50 元	31		5 元	71	
50 元	97		5 角	77		50 元	43		5 元	75		50 元	28		5 元	55	
5 角	88		5 分	68		5 角	94		5 分	66		5 角	48		5 分	27	
5 角	19		5 分	16		5 角	61		5 分	83		5 角	49		5 分	83	
5 角	64		5 分	96		5 角	74		5 分	99		5 角	74		5 分	98	
5 角	23		5 分	38		5 角	53		5 分	31		5 角	87		5 分	19	

(4) 用电子计算器或电子计算机(配数字小键盘)或算盘完成表 3-3-12~表 3-3-16 的计算，进行竖版票币算练习(限时为 10 分钟，设定初、中、高三个级别，合格标准：初级：对 15 题，中级：对 20 题，高级：对 30 题)。

表 3-3-12　竖版票币算练习 1

第 1 题	
券别	张(枚)数
100 元	87
50 元	52
20 元	47
10 元	63
5 元	94
2 元	19
1 元	35
5 角	58
2 角	76
1 角	44
5 分	24
2 分	41
1 分	58
合计(元)	

第 2 题	
券别	张(枚)数
100 元	71
50 元	63
20 元	96
10 元	27
5 元	84
2 元	68
1 元	63
5 角	13
2 角	35
1 角	19
5 分	37
2 分	28
1 分	72
合计(元)	

第 3 题	
券别	张(枚)数
100 元	56
50 元	23
20 元	61
10 元	95
5 元	84
2 元	68
1 元	41
5 角	76
2 角	97
1 角	78
5 分	92
2 分	14
1 分	85
合计(元)	

第 4 题	
券别	张(枚)数
100 元	69
50 元	43
20 元	38
10 元	62
5 元	85
2 元	34
1 元	47
5 角	58
2 角	57
1 角	96
5 分	42
2 分	31
1 分	29
合计(元)	

第 5 题	
券别	张(枚)数
100 元	56
50 元	37
20 元	23
10 元	41
5 元	21
2 元	77
1 元	39
5 角	98
2 角	65
1 角	48
5 分	87
2 分	45
1 分	78
合计(元)	

第 6 题	
券别	张(枚)数
100 元	95
50 元	68
20 元	86
10 元	34
5 元	19
2 元	75
1 元	46
5 角	77
2 角	49
1 角	61
5 分	56
2 分	22
1 分	53
合计(元)	

第 7 题	
券别	张(枚)数
100 元	38
50 元	29
20 元	95
10 元	85
5 元	86
2 元	75
1 元	71
5 角	76
2 角	52
1 角	63
5 分	59
2 分	44
1 分	27
合计(元)	

第 8 题	
券别	张(枚)数
100 元	69
50 元	38
20 元	57
10 元	47
5 元	62
2 元	91
1 元	93
5 角	95
2 角	16
1 角	86
5 分	33
2 分	59
1 分	84
合计(元)	

第 9 题	
券别	张(枚)数
100 元	99
50 元	59
20 元	46
10 元	23
5 元	76
2 元	54
1 元	21
5 角	51
2 角	21
1 角	23
5 分	26
2 分	54
1 分	26
合计(元)	

第 10 题	
券别	张(枚)数
100 元	96
50 元	31
20 元	56
10 元	32
5 元	19
2 元	95
1 元	24
5 角	86
2 角	51
1 角	19
5 分	29
2 分	31
1 分	47
合计(元)	

第 11 题	
券别	张(枚)数
100 元	17
50 元	21
20 元	45
10 元	96
5 元	58
2 元	36
1 元	24
5 角	21
2 角	23
1 角	29
5 分	65
2 分	71
1 分	83
合计(元)	

第 12 题	
券别	张(枚)数
100 元	58
50 元	75
20 元	96
10 元	54
5 元	32
2 元	31
1 元	16
5 角	18
2 角	21
1 角	54
5 分	38
2 分	62
1 分	99
合计(元)	

表 3-3-13 竖版票币算练习 2

第 1 题		第 2 题		第 3 题		第 4 题		第 5 题		第 6 题	
券别	张(枚)数	券别	张(枚)数	券别	张(枚)数	券别	张(枚)数	券别	张(枚)数	券别	张(枚)数
100 元	64	100 元	57	100 元	84	100 元	62	100 元	58	100 元	62
50 元	74	50 元	62	50 元	78	50 元	74	50 元	67	50 元	38
20 元	18	20 元	27	20 元	21	20 元	93	20 元	82	20 元	67
10 元	46	10 元	61	10 元	53	10 元	75	10 元	90	10 元	34
5 元	75	5 元	96	5 元	14	5 元	41	5 元	18	5 元	72
2 元	36	2 元	78	2 元	36	2 元	69	2 元	37	2 元	48
1 元	58	1 元	52	1 元	25	1 元	82	1 元	42	1 元	73
5 角	97	5 角	83	5 角	41	5 角	38	5 角	57	5 角	54
2 角	46	2 角	96	2 角	96	2 角	37	2 角	21	2 角	59
1 角	28	1 角	84	1 角	12	1 角	41	1 角	39	1 角	61
5 分	92	5 分	42	5 分	65	5 分	26	5 分	91	5 分	74
2 分	41	2 分	31	2 分	81	2 分	23	2 分	34	2 分	22
1 分	58	1 分	27	1 分	38	1 分	29	1 分	75	1 分	67
合计(元)		合计(元)		合计(元)		合计(元)		合计(元)		合计(元)	

第 7 题		第 8 题		第 9 题		第 10 题		第 11 题		第 12 题	
券别	张(枚)数	券别	张(枚)数	券别	张(枚)数	券别	张(枚)数	券别	张(枚)数	券别	张(枚)数
100 元	42	100 元	51	100 元	56	100 元	68	100 元	43	100 元	84
50 元	25	50 元	72	50 元	28	50 元	32	50 元	35	50 元	25
20 元	91	20 元	29	20 元	54	20 元	26	20 元	71	20 元	81
10 元	58	10 元	95	10 元	78	10 元	21	10 元	39	10 元	47
5 元	93	5 元	64	5 元	51	5 元	61	5 元	23	5 元	27
2 元	25	2 元	38	2 元	46	2 元	67	2 元	95	2 元	85
1 元	94	1 元	13	1 元	89	1 元	52	1 元	84	1 元	74
5 角	62	5 角	28	5 角	37	5 角	35	5 角	14	5 角	52
2 角	15	2 角	91	2 角	41	2 角	24	2 角	56	2 角	35
1 角	26	1 角	75	1 角	15	1 角	56	1 角	86	1 角	91
5 分	64	5 分	54	5 分	97	5 分	28	5 分	47	5 分	56
2 分	81	2 分	26	2 分	91	2 分	94	2 分	82	2 分	21
1 分	25	1 分	34	1 分	26	1 分	36	1 分	69	1 分	39
合计(元)		合计(元)		合计(元)		合计(元)		合计(元)		合计(元)	

表 3-3-14　竖版票币算练习 3

第 1 题		第 2 题		第 3 题		第 4 题		第 5 题		第 6 题	
券别	张(枚)数	券别	张(枚)数	券别	张(枚)数	券别	张(枚)数	券别	张(枚)数	券别	张(枚)数
100 元	52	100 元	59	100 元	88	100 元	52	100 元	89	100 元	42
50 元	85	50 元	85	50 元	54	50 元	65	50 元	56	50 元	15
20 元	95	20 元	76	20 元	62	20 元	34	20 元	23	20 元	19
10 元	45	10 元	43	10 元	32	10 元	94	10 元	14	10 元	84
5 元	21	5 元	91	5 元	13	5 元	85	5 元	45	5 元	86
2 元	16	2 元	13	2 元	54	2 元	74	2 元	46	2 元	57
1 元	32	1 元	24	1 元	54	1 元	31	1 元	17	1 元	29
5 角	21	5 角	35	5 角	85	5 角	29	5 角	18	5 角	38
2 角	45	2 角	68	2 角	65	2 角	12	2 角	95	2 角	58
1 角	75	1 角	77	1 角	32	1 角	47	1 角	85	1 角	68
5 分	59	5 分	46	5 分	14	5 分	51	5 分	86	5 分	77
2 分	65	2 分	63	2 分	99	2 分	53	2 分	51	2 分	49
1 分	41	1 分	26	1 分	95	1 分	44	1 分	19	1 分	52
合计(元)		合计(元)		合计(元)		合计(元)		合计(元)		合计(元)	

第 7 题		第 8 题		第 9 题		第 10 题		第 11 题		第 12 题	
券别	张(枚)数	券别	张(枚)数	券别	张(枚)数	券别	张(枚)数	券别	张(枚)数	券别	张(枚)数
100 元	49	100 元	35	100 元	69	100 元	63	100 元	89	100 元	73
50 元	58	50 元	46	50 元	57	50 元	54	50 元	56	50 元	66
20 元	75	20 元	79	20 元	63	20 元	24	20 元	23	20 元	48
10 元	86	10 元	39	10 元	23	10 元	85	10 元	14	10 元	52
5 元	81	5 元	53	5 元	64	5 元	95	5 元	45	5 元	54
2 元	46	2 元	37	2 元	41	2 元	78	2 元	46	2 元	57
1 元	43	1 元	64	1 元	48	1 元	46	1 元	17	1 元	68
5 角	29	5 角	37	5 角	18	5 角	88	5 角	18	5 角	95
2 角	24	2 角	49	2 角	32	2 角	49	2 角	95	2 角	93
1 角	21	1 角	75	1 角	33	1 角	28	1 角	85	1 角	87
5 分	36	5 分	100	5 分	99	5 分	46	5 分	86	5 分	71
2 分	41	2 分	84	2 分	84	2 分	57	2 分	51	2 分	73
1 分	53	1 分	24	1 分	68	1 分	53	1 分	19	1 分	99
合计(元)		合计(元)		合计(元)		合计(元)		合计(元)		合计(元)	

表 3-3-15 竖版票币算练习 4

第 1 题	
券别	张(枚)数
100 元	59
50 元	45
20 元	67
10 元	29
5 元	32
2 元	16
1 元	54
5 角	28
2 角	84
1 角	26
5 分	34
2 分	12
1 分	28
合计(元)	

第 2 题	
券别	张(枚)数
100 元	56
50 元	98
20 元	75
10 元	54
5 元	34
2 元	15
1 元	16
5 角	13
2 角	21
1 角	48
5 分	26
2 分	12
1 分	45
合计(元)	

第 3 题	
券别	张(枚)数
100 元	78
50 元	95
20 元	54
10 元	34
5 元	43
2 元	95
1 元	67
5 角	16
2 角	19
1 角	58
5 分	56
2 分	34
1 分	39
合计(元)	

第 4 题	
券别	张(枚)数
100 元	89
50 元	56
20 元	49
10 元	32
5 元	48
2 元	67
1 元	89
5 角	54
2 角	27
1 角	99
5 分	84
2 分	68
1 分	32
合计(元)	

第 5 题	
券别	张(枚)数
100 元	59
50 元	64
20 元	74
10 元	65
5 元	21
2 元	13
1 元	67
5 角	49
2 角	58
1 角	35
5 分	24
2 分	19
1 分	37
合计(元)	

第 6 题	
券别	张(枚)数
100 元	79
50 元	86
20 元	49
10 元	28
5 元	35
2 元	61
1 元	59
5 角	24
2 角	38
1 角	13
5 分	99
2 分	46
1 分	68
合计(元)	

第 7 题	
券别	张(枚)数
100 元	86
50 元	95
20 元	97
10 元	42
5 元	53
2 元	54
1 元	38
5 角	78
2 角	29
1 角	63
5 分	44
2 分	65
1 分	15
合计(元)	

第 8 题	
券别	张(枚)数
100 元	56
50 元	97
20 元	56
10 元	23
5 元	15
2 元	21
1 元	45
5 角	87
2 角	95
1 角	34
5 分	15
2 分	16
1 分	76
合计(元)	

第 9 题	
券别	张(枚)数
100 元	55
50 元	26
20 元	15
10 元	53
5 元	46
2 元	87
1 元	54
5 角	21
2 角	9
1 角	12
5 分	15
2 分	48
1 分	64
合计(元)	

第 10 题	
券别	张(枚)数
100 元	46
50 元	26
20 元	24
10 元	36
5 元	27
2 元	84
1 元	82
5 角	94
2 角	21
1 角	23
5 分	24
2 分	56
1 分	71
合计(元)	

第 11 题	
券别	张(枚)数
100 元	89
50 元	65
20 元	32
10 元	49
5 元	82
2 元	31
1 元	52
5 角	92
2 角	18
1 角	21
5 分	56
2 分	34
1 分	76
合计(元)	

第 12 题	
券别	张(枚)数
100 元	27
50 元	63
20 元	59
10 元	13
5 元	51
2 元	89
1 元	76
5 角	54
2 角	37
1 角	45
5 分	48
2 分	61
1 分	91
合计(元)	

表 3-3-16　竖版票币算练习 5

第 1 题	
券别	张(枚)数
100 元	15
50 元	62
20 元	25
10 元	85
5 元	34
2 元	95
1 元	75
5 角	65
2 角	48
1 角	21
5 分	26
2 分	53
1 分	86
合计(元)	

第 2 题	
券别	张(枚)数
100 元	54
50 元	22
20 元	23
10 元	54
5 元	65
2 元	23
1 元	54
5 角	87
2 角	89
1 角	54
5 分	26
2 分	21
1 分	35
合计(元)	

第 3 题	
券别	张(枚)数
100 元	67
50 元	95
20 元	34
10 元	32
5 元	51
2 元	57
1 元	95
5 角	68
2 角	76
1 角	95
5 分	34
2 分	89
1 分	91
合计(元)	

第 4 题	
券别	张(枚)数
100 元	99
50 元	87
20 元	56
10 元	74
5 元	85
2 元	96
1 元	81
5 角	82
2 角	83
1 角	95
5 分	41
2 分	24
1 分	35
合计(元)	

第 5 题	
券别	张(枚)数
100 元	89
50 元	49
20 元	76
10 元	52
5 元	21
2 元	34
1 元	61
5 角	95
2 角	75
1 角	68
5 分	96
2 分	68
1 分	54
合计(元)	

第 6 题	
券别	张(枚)数
100 元	28
50 元	29
20 元	26
10 元	24
5 元	36
2 元	85
1 元	58
5 角	96
2 角	65
1 角	34
5 分	52
2 分	79
1 分	26
合计(元)	

第 7 题	
券别	张(枚)数
100 元	51
50 元	54
20 元	61
10 元	63
5 元	67
2 元	82
1 元	95
5 角	26
2 角	18
1 角	45
5 分	69
2 分	93
1 分	81
合计(元)	

第 8 题	
券别	张(枚)数
100 元	46
50 元	85
20 元	95
10 元	16
5 元	23
2 元	73
1 元	84
5 角	86
2 角	54
1 角	46
5 分	24
2 分	36
1 分	89
合计(元)	

第 9 题	
券别	张(枚)数
100 元	24
50 元	45
20 元	79
10 元	58
5 元	46
2 元	57
1 元	78
5 角	89
2 角	98
1 角	57
5 分	32
2 分	67
1 分	45
合计(元)	

第 10 题	
券别	张(枚)数
100 元	43
50 元	97
20 元	82
10 元	57
5 元	85
2 元	67
1 元	48
5 角	91
2 角	57
1 角	71
5 分	49
2 分	52
1 分	23
合计(元)	

第 11 题	
券别	张(枚)数
100 元	68
50 元	12
20 元	34
10 元	25
5 元	17
2 元	92
1 元	92
5 角	56
2 角	16
1 角	34
5 分	41
2 分	51
1 分	66
合计(元)	

第 12 题	
券别	张(枚)数
100 元	25
50 元	79
20 元	58
10 元	63
5 元	94
2 元	81
1 元	17
5 角	46
2 角	36
1 角	52
5 分	21
2 分	84
1 分	26
合计(元)	

(5) 用电子计算器或电子计算机(配数字小键盘)或算盘完成表 3-3-17~表 3-3-26 的计算，进行横版票币算练习(限时为 10 分钟，设定初、中、高三个级别，合格标准：初级：对 15 题，中级：对 20 题，高级：对 30 题)。

表 3-3-17 横版票币算练习 1

序号	券别和张(枚)数													金额(元)
	100 元	50 元	20 元	10 元	5 元	2 元	1 元	5 角	2 角	1 角	5 分	2 分	1 分	
1	98	12	56	12	78	32	87	25	45	34	57	98	34	
2	68	24	54	45	12	82	14	23	24	67	48	26	49	
3	85	38	69	56	68	99	76	35	56	45	69	86	45	
4	79	45	21	87	32	91	21	99	12	98	18	45	28	
5	72	57	73	98	56	12	65	45	67	57	78	73	56	
6	87	98	39	41	28	98	38	87	92	34	26	86	36	
7	68	78	86	58	45	24	59	67	78	68	89	68	64	
8	95	65	78	58	45	17	36	87	89	56	38	69	15	
9	54	89	96	56	34	36	45	79	87	79	96	59	73	
10	89	72	65	68	56	28	49	76	69	65	48	87	28	
11	49	28	67	39	23	46	39	54	96	97	12	48	88	
12	71	56	59	71	12	37	58	67	57	12	49	54	32	
13	36	39	34	15	69	53	28	65	65	87	24	32	98	
14	67	58	45	84	97	49	64	55	45	32	58	56	48	
15	25	45	65	91	87	68	16	51	54	54	35	28	87	
16	59	69	68	98	87	53	74	45	35	34	69	54	59	
17	18	59	43	58	66	79	23	79	34	76	46	19	76	
18	43	78	79	56	92	67	85	34	23	45	74	48	65	
19	29	63	12	69	56	81	34	99	68	73	56	25	62	
20	38	74	91	43	82	73	96	87	12	43	68	28	76	

表 3-3-18　横版票币算练习 2

序号	券别和张(枚)数													金额(元)
	100 元	50 元	20 元	10 元	5 元	2 元	1 元	5 角	2 角	1 角	5 分	2 分	1 分	
1	12	48	29	54	36	65	46	73	58	84	79	92	81	
2	32	48	57	86	95	56	34	37	68	79	65	13	46	
3	48	69	59	38	34	67	19	89	28	56	76	46	56	
4	29	48	69	34	15	48	59	69	79	98	91	59	78	
5	24	47	68	98	12	46	49	98	34	12	65	87	45	
6	45	56	89	78	35	65	45	63	87	86	12	98	78	
7	12	36	24	62	35	75	47	84	58	91	69	85	72	
8	29	45	39	58	54	68	49	73	68	86	79	99	85	
9	57	12	68	27	79	38	85	49	92	54	87	63	72	
10	24	43	38	58	45	68	58	72	67	86	72	94	84	
11	39	29	48	38	58	42	53	63	73	74	85	82	94	
12	18	32	27	49	38	59	47	62	59	73	62	89	73	
13	28	47	38	58	48	69	59	73	62	84	73	93	85	
14	32	39	49	26	58	12	65	64	79	71	89	84	95	
15	28	52	86	64	97	73	83	85	73	96	69	79	58	
16	69	35	78	15	86	21	97	34	85	43	79	59	68	
17	46	39	57	32	62	46	78	54	89	67	97	93	82	
18	29	14	38	54	48	64	58	73	68	86	72	96	73	
19	24	66	35	56	46	39	67	46	58	23	73	12	89	
20	48	38	57	36	69	39	73	47	84	53	95	67	86	

表 3-3-19 横版票币算练习 3

序号	券别和张(枚)数													金额(元)
	100 元	50 元	20 元	10 元	5 元	2 元	1 元	5 角	2 角	1 角	5 分	2 分	1 分	
1	27	38	85	68	18	69	28	38	49	41	98	35	78	
2	25	24	68	95	28	39	48	57	68	61	57	27	97	
3	36	58	24	98	47	58	98	57	59	47	68	78	57	
4	89	47	58	39	48	75	58	68	49	58	49	68	89	
5	78	28	29	58	65	48	89	78	28	29	48	68	59	
6	54	87	58	49	24	31	58	69	58	38	49	68	49	
7	28	59	27	59	48	38	15	49	68	97	45	91	25	
8	69	31	25	48	58	84	75	68	47	27	34	84	94	
9	76	85	25	45	69	87	35	48	65	28	68	48	95	
10	39	45	87	68	24	39	49	94	59	21	16	84	39	
11	84	58	75	35	49	91	24	38	27	68	78	84	56	
12	46	58	68	78	49	24	38	38	49	18	28	38	48	
13	84	78	58	68	72	58	27	17	35	64	87	54	32	
14	54	65	87	21	54	65	87	98	75	62	54	84	86	
15	25	15	46	68	65	85	94	47	85	24	16	65	84	
16	28	48	87	65	84	29	68	57	35	38	49	68	84	
17	84	75	56	32	64	28	65	95	84	68	75	28	48	
18	28	84	65	38	85	48	57	27	74	54	84	38	68	
19	85	65	95	38	47	58	47	18	87	54	58	84	28	
20	59	48	26	35	48	75	57	58	54	24	15	65	75	

表 3-3-20　横版票币算练习 4

序号	券别和张(枚)数													金额(元)
	100 元	50 元	20 元	10 元	5 元	2 元	1 元	5 角	2 角	1 角	5 分	2 分	1 分	
1	85	69	85	74	36	15	28	19	38	59	98	75	57	
2	58	75	65	48	25	16	38	68	59	75	84	95	75	
3	36	15	48	39	89	84	86	95	76	25	36	84	26	
4	58	42	84	75	25	18	38	69	84	86	85	17	38	
5	85	75	47	68	69	25	36	84	86	81	68	75	29	
6	36	15	28	39	16	86	75	98	97	86	95	86	85	
7	36	57	26	14	59	38	98	68	48	75	25	39	86	
8	76	85	96	41	52	63	14	25	36	47	58	69	85	
9	28	16	38	49	68	59	69	75	14	85	75	29	86	
10	86	75	16	58	36	25	14	36	74	85	96	58	65	
11	85	74	96	41	52	63	25	39	17	28	39	28	29	
12	71	82	39	17	28	39	47	58	69	14	25	36	52	
13	72	48	59	36	29	68	19	38	59	84	95	68	99	
14	58	58	49	68	95	36	52	47	29	39	87	95	98	
15	63	52	41	48	46	67	59	95	82	19	17	38	28	
16	83	29	75	48	19	68	95	39	86	87	85	96	29	
17	57	76	49	68	75	16	98	26	75	49	36	24	13	
18	39	58	68	75	49	18	68	95	76	74	84	95	19	
19	85	75	49	68	26	18	18	38	57	49	68	57	68	
20	35	75	74	58	46	95	35	19	25	73	72	98	18	

表 3-3-21　横版票币算练习 5

序号	券别和张(枚)数													金额(元)
	100 元	50 元	20 元	10 元	5 元	2 元	1 元	5 角	2 角	1 角	5 分	2 分	1 分	
1	98	24	87	35	76	25	65	47	54	38	48	87	37	
2	12	54	25	62	36	76	47	81	58	98	67	84	75	
3	48	87	37	94	27	84	18	79	21	68	32	57	46	
4	97	12	67	38	73	24	85	48	92	57	86	69	78	
5	54	94	41	85	36	75	27	63	19	57	27	45	36	
6	87	48	76	39	65	24	59	58	47	48	38	38	27	
7	97	75	84	69	75	57	69	48	51	36	49	28	32	
8	58	98	57	98	48	12	35	64	18	54	48	78	54	
9	49	54	27	57	48	68	24	84	48	24	68	87	45	
10	45	57	96	21	48	57	48	24	18	57	48	35	48	
11	28	58	95	58	17	84	25	54	65	36	84	57	47	
12	85	58	42	54	65	35	25	47	54	21	12	45	65	
13	21	28	96	87	58	24	51	84	68	84	75	14	58	
14	35	85	95	74	25	45	84	24	24	84	89	58	95	
15	54	65	78	98	45	12	65	98	45	14	36	87	38	
16	58	68	35	84	47	27	19	54	87	49	64	84	52	
17	57	84	25	48	24	68	59	49	57	84	24	15	84	
18	98	89	65	18	25	47	84	51	65	24	84	49	44	
19	58	25	15	98	58	68	72	24	35	46	75	75	56	
20	36	58	14	58	47	85	15	54	65	48	24	24	36	

表 3-3-22　横版票币算练习 6

序号	券别和张(枚)数													金额(元)
	100 元	50 元	20 元	10 元	5 元	2 元	1 元	5 角	2 角	1 角	5 分	2 分	1 分	
1	45	84	14	38	87	47	87	38	87	98	41	87	45	
2	48	39	15	58	58	84	84	59	69	24	68	38	24	
3	25	94	65	47	68	35	37	84	17	65	47	58	25	
4	84	24	15	47	65	47	25	14	68	57	64	74	54	
5	98	58	47	57	35	64	24	57	84	65	47	65	84	
6	54	24	74	35	25	85	45	46	68	57	25	42	65	
7	84	52	35	17	28	39	54	65	47	24	29	37	65	
8	58	47	25	14	35	65	74	84	95	68	57	49	65	
9	25	84	57	68	47	93	27	86	62	54	45	35	24	
10	87	58	48	68	25	62	47	58	95	35	47	65	25	
11	36	35	84	68	74	65	64	74	85	74	65	32	54	
12	84	19	24	35	38	59	84	84	85	92	19	68	84	
13	49	57	36	84	75	29	34	65	58	72	39	51	29	
14	94	53	24	56	76	57	84	29	56	43	65	82	61	
15	49	68	75	65	42	35	67	84	51	25	46	82	63	
16	67	59	39	47	75	65	29	68	57	38	64	68	28	
17	99	75	24	15	46	68	35	75	71	54	56	23	42	
18	57	48	68	25	36	17	28	59	35	17	95	86	45	
19	25	67	46	51	35	62	75	58	46	29	38	67	42	
20	58	86	95	42	65	38	75	86	54	68	73	69	49	

表 3-3-23　横版票币算练习 7

序号	券别和张(枚)数													金额(元)
	100 元	50 元	20 元	10 元	5 元	2 元	1 元	5 角	2 角	1 角	5 分	2 分	1 分	
1	58	69	35	19	29	68	75	19	29	68	75	68	49	
2	98	75	84	86	95	29	65	38	98	79	84	69	58	
3	17	84	29	39	59	68	47	68	46	95	23	56	42	
4	39	26	84	68	12	15	36	24	29	84	68	46	21	
5	42	58	69	84	73	25	54	37	18	64	29	47	58	
6	45	28	58	98	37	45	73	41	65	32	63	47	58	
7	98	75	48	36	54	92	38	37	23	75	17	25	68	
8	72	12	46	89	36	78	96	74	89	52	85	57	49	
9	95	74	38	29	31	25	71	56	81	52	75	19	75	
10	85	95	96	36	18	93	53	76	37	23	41	58	13	
11	75	75	53	56	75	19	65	36	42	37	21	85	28	
12	95	16	56	84	19	43	28	59	92	53	64	23	26	
13	38	35	26	68	21	78	65	72	63	25	78	77	25	
14	75	29	54	75	64	72	45	36	51	32	24	65	25	
15	15	75	62	45	46	68	27	42	18	27	14	86	15	
16	35	68	75	95	65	41	55	21	13	22	65	31	25	
17	29	84	36	35	35	47	82	25	83	13	97	63	59	
18	68	59	42	42	68	32	87	347	347	15	39	59	58	
19	58	12	68	68	58	69	38	19	75	49	69	95	84	
20	95	13	54	47	68	24	59	75	13	56	84	95	65	

表 3-3-24 横版票币算练习 8

序号	券别和张(枚)数													金额(元)
	100 元	50 元	20 元	10 元	5 元	2 元	1 元	5 角	2 角	1 角	5 分	2 分	1 分	
1	25	56	78	54	12	81	94	35	48	58	64	28	54	
2	58	84	97	35	48	36	48	92	15	54	65	38	32	
3	24	35	48	87	92	37	45	65	81	24	19	35	45	
4	58	45	84	25	64	35	63	38	54	49	27	35	48	
5	15	25	58	75	87	26	34	54	87	95	24	38	81	
6	85	25	35	58	87	92	21	18	45	68	58	59	35	
7	18	32	27	49	38	59	47	62	59	73	62	89	73	
8	28	47	38	58	48	69	59	73	62	84	73	93	85	
9	32	39	49	26	58	12	65	64	79	71	89	84	95	
10	28	52	86	64	97	73	83	85	73	96	69	79	58	
11	69	35	78	15	86	21	97	34	85	43	79	59	68	
12	46	39	57	32	62	46	78	54	89	67	97	93	82	
13	89	58	25	16	36	48	38	84	15	48	54	68	27	
14	18	45	36	27	48	91	45	84	28	24	56	46	84	
15	59	84	24	36	58	68	38	49	85	16	39	46	57	
16	28	95	16	46	56	34	68	37	98	85	65	85	73	
17	58	36	48	78	59	65	12	54	65	98	45	38	42	
18	25	68	59	47	68	37	49	49	24	68	54	64	24	
19	28	59	46	38	49	87	49	67	58	52	48	25	16	
20	38	65	45	95	84	54	75	65	84	46	59	68	49	

表 3-3-25 横版票币算练习 9

序号	券别和张(枚)数													金额(元)
	100 元	50 元	20 元	10 元	5 元	2 元	1 元	5 角	2 角	1 角	5 分	2 分	1 分	
1	12	32	48	18	45	26	58	37	45	58	32	17	64	
2	87	57	18	78	36	85	48	98	59	12	62	64	25	
3	24	48	59	76	24	81	38	96	47	84	58	67	94	
4	94	48	18	91	29	85	38	74	47	62	54	52	26	
5	38	52	65	57	79	48	81	25	93	35	14	64	34	
6	89	36	24	84	37	97	46	82	59	74	69	82	18	
7	47	67	78	24	82	63	94	71	85	68	75	94	71	
8	78	28	39	15	84	28	78	31	64	48	59	16	85	
9	59	71	81	27	99	38	82	49	76	57	64	92	84	
10	67	12	69	27	79	38	85	48	96	57	84	65	74	
11	58	85	95	38	85	17	75	17	68	19	57	38	49	
12	59	72	48	92	46	24	58	35	63	14	86	92	65	
13	78	99	74	33	21	63	85	45	39	71	21	33	28	
14	48	87	58	46	73	25	54	37	18	64	29	46	12	
15	97	87	54	48	37	45	73	41	65	32	63	48	19	
16	35	95	64	87	54	92	38	37	23	75	17	87	67	
17	87	74	68	36	36	78	96	74	89	52	85	36	79	
18	24	82	66	42	31	25	71	56	81	52	75	42	23	
19	96	64	72	92	46	24	58	35	63	14	86	62	73	
20	12	34	72	33	21	63	85	45	39	71	21	52	12	

表 3-3-26　横版票币算练习 10

序号	券别和张(枚)数													金额(元)
	100 元	50 元	20 元	10 元	5 元	2 元	1 元	5 角	2 角	1 角	5 分	2 分	1 分	
1	98	53	92	97	12	28	24	68	23	58	24	17	64	
2	14	24	59	52	98	85	68	47	65	34	68	64	25	
3	36	97	46	67	14	65	54	62	14	58	94	67	94	
4	52	54	49	26	17	71	92		87	96	14	52	26	
5	47	19	84	74	76	69	37	67	56	41	62	64	34	
6	93	64	38	26	34	38	65	92	32	26	87	82	18	
7	48	98	51	97	94	74	42	25	64	65	16	94	71	
8	24	41	54	25	58	82	74	63	24	91	64	16	85	
9	69	27	36	74	26	78	62	74	34	85	26	92	84	
10	74	36	67	35	69	42	67	68	98	24	29	95	63	
11	42	54	73	29	41	53	85	93	67	63	84	87	59	
12	62	85	32	32	97	42	94	24	58	25	62	65	72	
13	48	46	54	67	82	96	52	15	74	84	74	26	54	
14	74	19	87	68	54	61	16	68	63	71	12	58	97	
15	62	85	69	97	68	85	42	47	26	35	36	13	27	
16	48	81	45	25	14	64	37	62	41	29	65	87	49	
17	52	56	52	14	42	42	15	35	85	47	74	65	97	
18	51	48	78	97	61	75	74	39	97	26	89	74	52	
19	36	64	98	58	74	97	98	84	68	71	42	68	51	
20	94	47	57	19	25	54	18	27	45	12	98	25	63	

（6）使用爱丁学生派 7418i 进行票币算的练习和测试。

五、实训心得

模块四
验钞与点钞技能实训

任务1　验钞技能实训

一、实训目标

1. 知识目标

(1) 了解人民币基本知识。

(2) 了解人民币防伪特征。

(3) 掌握鉴别人民币纸币的基本方法。

(4) 掌握发现假人民币的处理方法。

(5) 掌握不宜流通人民币的挑剔标准。

(6) 掌握残损人民币的兑换标准。

2. 技能目标

(1) 能识别真假人民币。

(2) 能正确处理发现的假人民币。

(3) 能正确进行不宜流通人民币的挑剔。

(4) 能正确进行残损人民币的兑换。

二、实训所需用品

目前流通的不同面值人民币(纸币)、验钞机。

三、实训所需相关理论知识

1. 人民币基本知识

人民币是指中国人民银行依法发行的货币，包括纸币和硬币，无论纸币、硬币均等价流通。《中华人民共和国中国人民银行法》第三章第十五条规定："中华人民共和国的法定货币是人民币。"

人民币简写为"RMB"，以"￥"为代号；人民币国际货币符号为"CNY"；人民币的主币单位为"元"，人民币的辅币单位为"角"和"分"，它们之间的换算关系是：1 元=10 角，1 角=10 分。

1948 年月 12 月 1 日中国人民银行成立时，开始发行第一套人民币；1955 年 3 月 1 日开始发行第二套人民币；1962 年 4 月 20 日开始发行第三套人民币；1987 年 4 月 27 日开始发行第四套人民币；1999 年 10 月 1 日开始发行第五套人民币。我国现行流通的货币主要为第五套人民币。第五套人民币共八种面额：100 元、50 元、20 元、10 元、5 元、1 元、5 角、1 角。第五套人民币根据市场流通中低面额主币实际承担大量找零角色的状况，增加了 20 元面额，取消了 2 元面额，使面额结构更加合理。第五套人民币采取"一次公布，分次发行"的方式。1999 年 10 月 1 日，首先发行了 100 元纸币；2000 年 10 月 16 日发行了 20 元纸币、1 元和 1 角硬币；2001 年 9 月 1 日，发行了 50 元、10 元纸币；2002 年 11 月 18 日，发行了 5 元纸币、5 角硬币；2004 年 7 月 30 日，发行了 1 元纸币。为提高第五套人民币的印刷工艺和防伪技术水平，经国务院批准，中国人民银行于 2005 年 8 月 31 日发行了第五套人民币 2005 年版 100 元、50 元、20 元、10 元、5 元纸币和不锈钢材质 1 角硬币。为适应人民币流通的需要，2015 年 11 月 12 日发行了 2015 年版第五套人民币 100 元纸币，2019 年 8 月 30 日发行了 2019 年版第五套人民币 50 元、20 元、10 元、1 元纸币和 1 元、5 角、1 角硬币，2020 年 11 月 5 日发行了 2020 年版第五套人民币 5 元纸币，提升了第五套人民币的印制工艺与防伪技术水平。第五套人民币纸币一览表如表 4-1-1 所示，第五套人民币硬币一览表如表 4-1-2 所示。

表 4-1-1　第五套人民币纸币一览表

券别	图案		主色调	发行时间
	正面	背面		
100 元纸币	毛泽东头像	人民大会堂	红色	1999 年 10 月 1 日
				2005 年 8 月 31 日
				2015 年 11 月 12 日
50 元纸币		布达拉宫	绿色	2001 年 9 月 1 日
				2005 年 8 月 31 日
				2019 年 8 月 30 日
20 元纸币		桂林山水	棕色	2000 年 10 月 16 日
				2005 年 8 月 31 日
				2019 年 8 月 30 日
10 元纸币		长江三峡	蓝黑色	2001 年 9 月 1 日
				2005 年 8 月 31 日
				2019 年 8 月 30 日
5 元纸币		泰山	紫色	2002 年 11 月 18 日
				2005 年 8 月 31 日
				2020 年 11 月 5 日
1 元纸币		西湖	橄榄绿	2004 年 7 月 30 日
				2019 年 8 月 30 日

表 4-1-2　第五套人民币硬币一览表

券别	图案		材质	直径	发行时间
	正面	背面			
1 元硬币	行名、面额、拼音、年号	菊花	钢芯镀镍	25 毫米	2000 年 10 月 16 日
				22.25 毫米	2019 年 8 月 30 日

续表

<table>
<tr><th rowspan="2">券别</th><th colspan="2">图案</th><th rowspan="2">材质</th><th rowspan="2">直径</th><th rowspan="2">发行时间</th></tr>
<tr><th>正面</th><th>背面</th></tr>
<tr><td rowspan="2">5 角硬币</td><td rowspan="5">行名、面额、拼音、年号</td><td rowspan="2">荷花</td><td>钢芯镀铜合金</td><td rowspan="2">20.5 毫米</td><td>2002 年 11 月 18 日</td></tr>
<tr><td>钢芯镀镍</td><td>2019 年 8 月 30 日</td></tr>
<tr><td rowspan="3">1 角硬币</td><td rowspan="3">兰花</td><td>铝合金</td><td rowspan="3">19 毫米</td><td>2000 年 10 月 16 日</td></tr>
<tr><td rowspan="2">不锈钢</td><td>2005 年 8 月 31 日</td></tr>
<tr><td>2019 年 8 月 30 日</td></tr>
</table>

2. 人民币防伪特征

了解人民币防伪特征是识别人民币真假的首要问题。

(1) 2005 年版第五套人民币防伪特征。

① 100 元券、50 元券。

a. 固定人像水印(毛泽东头像)。

b. 手工雕刻头像。

c. 隐形面额数字。

d. 胶印缩微文字。

e. 雕刻凹版印刷。

f. 双色异形横号码。正面左下角印有双色异形横号码，左侧部分为暗红色，右侧部分为黑色。字符由中间向左右两边逐渐变小。

g. 全息磁性开窗安全线。背面中间偏右，有一条开窗安全线，开窗部分可以看到由缩微字符“￥100”(50 元为“￥50”)组成的全息图案，仪器检测有磁性。

h. 光变油墨面额数字。从垂直到倾斜一定角度观察，100 元由绿色变成蓝色，50 元由金色变为绿色。

i. 阴阳互补对印图案。正面位于正面主景图案左侧中间处，背面位于主景图案右侧中间处。迎光透视，可以看到正、背图案合并组成一个外圆内方的古钱图案。

j. 白水印。位于正面双色横号码下方，迎光透视，可以看到透光性很强的水印“100”

(50 元为“50”)字样。

k. 凹印手感线。正面主景图案右侧，有一组自上而下规则排列的线纹，采用雕刻凹版印刷工艺印制，用手触摸，有极强的凹凸感。

如图 4-1-1~图 4-1-4 所示。

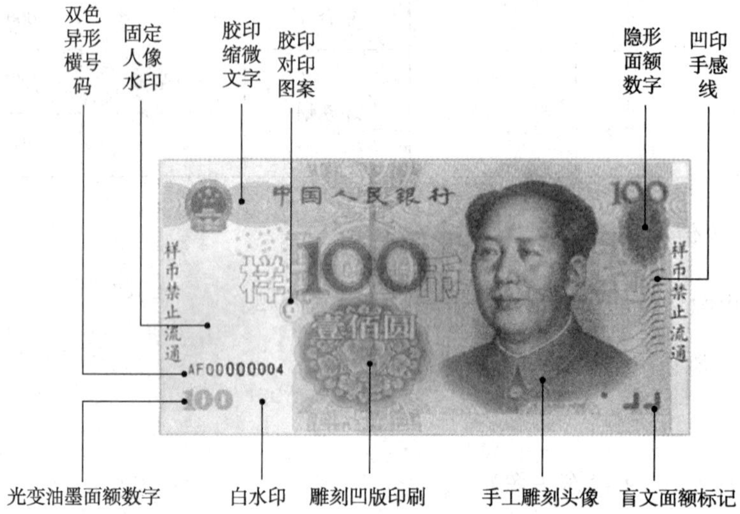

图 4-1-1 2005 年版第五套人民币防伪特征(100 元正面)

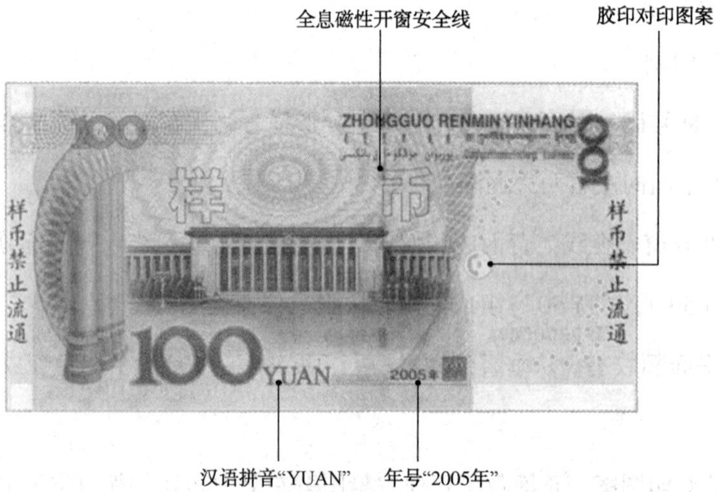

图 4-1-2 2005 年版第五套人民币防伪特征(100 元背面)

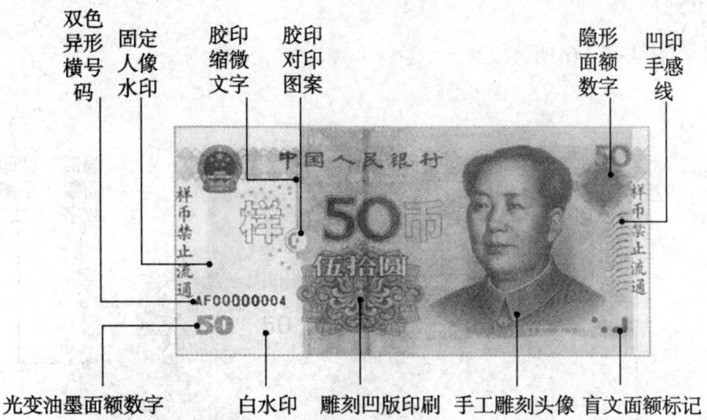

图 4-1-3 2005 年版第五套人民币防伪特征(50 元正面)

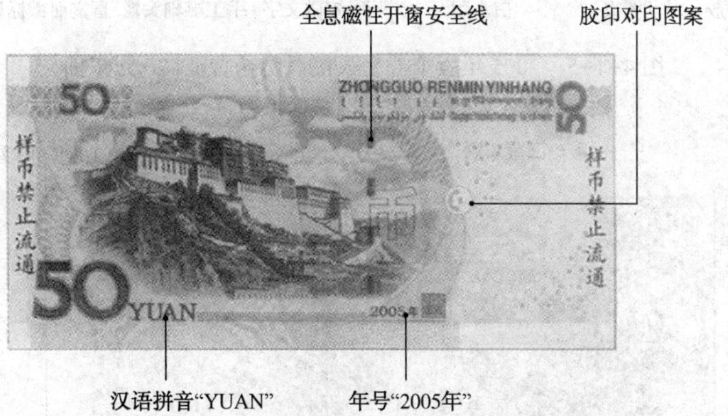

图 4-1-4 2005 年版第五套人民币防伪特征(50 元背面)

② 20 元券。

a. 固定花卉水印(荷花)。

b. 手工雕刻头像。

c. 隐形面额数字。

d. 胶印缩微文字。

e. 雕刻凹版印刷。

f. 双色横号码。

g. 全息磁性开窗安全线。

h. 阴阳互补对印图案。

i. 白水印。

j. 凹印手感线。

如图 4-1-5、图 4-1-6 所示。

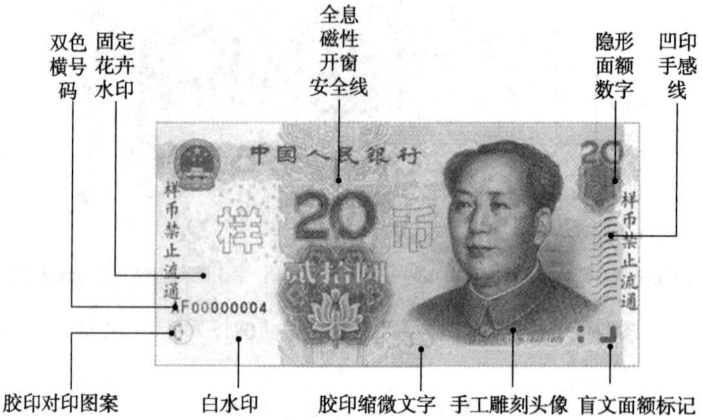

图 4-1-5　2005 年版第五套人民币防伪特征(20 元正面)

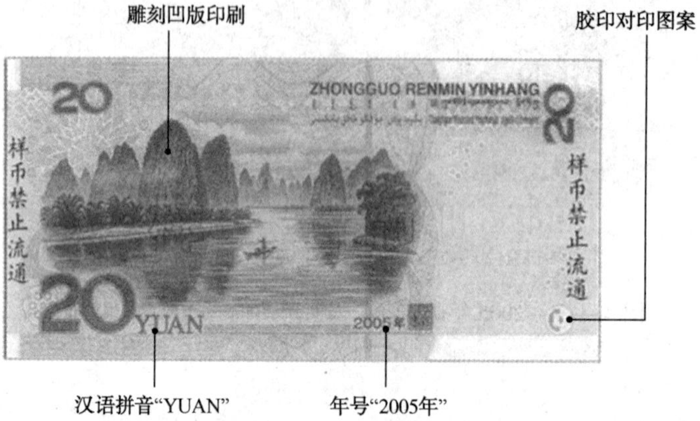

图 4-1-6　2005 年版第五套人民币防伪特征(20 元背面)

③ 10 元券。

a. 固定花卉水印(月季花)。

b. 手工雕刻头像。

c. 隐形面额数字。

d. 胶印缩微文字。

e. 雕刻凹版印刷。

f. 双色横号码。

g. 全息磁性开窗安全线。

h. 阴阳互补对印图案。

i. 白水印。

j. 凹印手感线。

如图 4-1-7、图 4-1-8 所示。

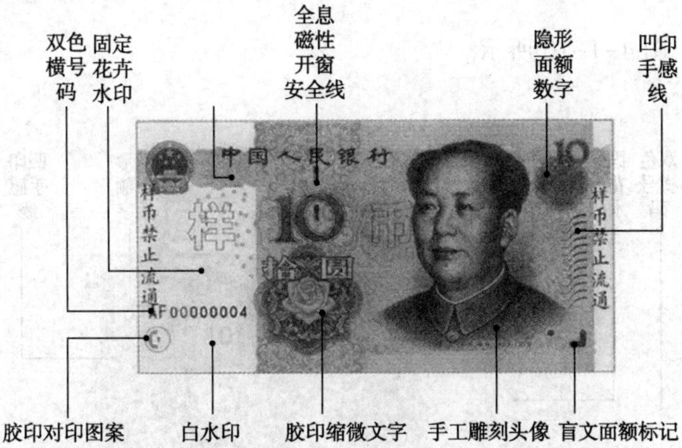

图 4-1-7　2005 年版第五套人民币防伪特征(10 元正面)

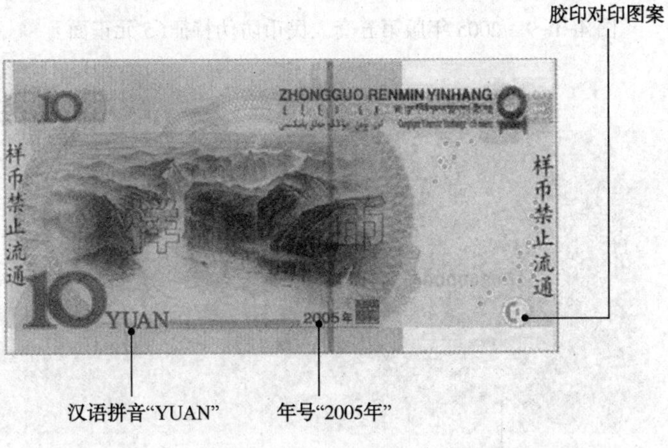

图 4-1-8　2005 年版第五套人民币防伪特征(10 元背面)

④ 5 元券。

a. 固定花卉水印(水仙花)。

b. 手工雕刻头像。

c. 隐形面额数字。

d. 胶印缩微文字。

e. 雕刻凹版印刷。

f. 双色横号码。

g. 全息磁性开窗安全线。

h. 白水印。

i. 凹印手感线。

如图 4-1-9、图 4-1-10 所示。

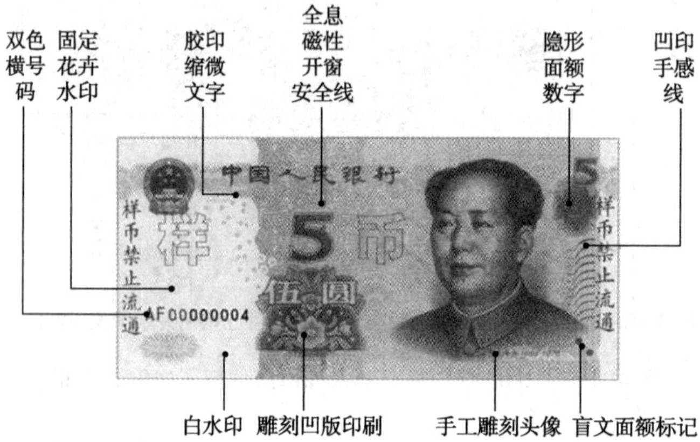

图 4-1-9　2005 年版第五套人民币防伪特征(5 元正面)

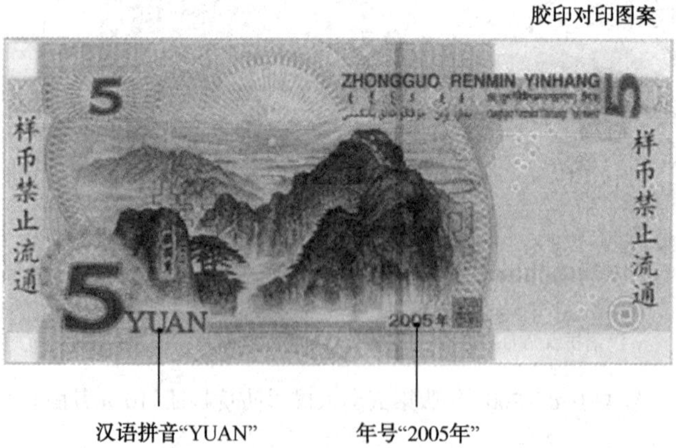

图 4-1-10　2005 年版第五套人民币防伪特征(5 元背面)

(2) 2015 年版第五套人民币 100 元券(见图 4-1-11)防伪特征。

① 光变镂空开窗安全线。位于票面正面右侧。垂直票面观察，安全线呈品红色；与票面成一定角度观察，安全线呈绿色；透光观察，可见安全线中正反交替排列的镂空文字“￥100”。如图 4-1-12 所示。

❶ 光彩光变数字
❷ 光变镂空开窗安全线
❸ 雕刻凹印
❹ 人像水印
❺ 白水印
❻ 胶印对印图案

图 4-1-11　2015 年版第五套人民币(100 元)

图 4-1-12　光变镂空开窗安全线

② 光彩光变数字。位于票面正面中部。垂直观察，数字以金色为主；平视观察，数字以绿色为主。随着观察角度的改变，数字颜色在金色和绿色之间交替变化，并可见一条亮光带上下滚动。如图 4-1-13 所示。

图 4-1-13　光彩光变数字

③ 人像水印。位于票面正面左侧空白处。透光观察，可见毛泽东头像水印。如图 4-1-14 所示。

图 4-1-14　人像水印

④ 胶印对印图案。票面正面左下方和背面右下方均有面额数字“100”的局部图案。透光观察，正背面图案组成一个完整的面额数字“100”。如图 4-1-15 所示。

图 4-1-15　胶印对印图案

⑤ 横竖双号码。票面正面左下方采用横号码，其冠字和前两位数字为暗红色，后六位数字为黑色；右侧竖号码为蓝色。如图 4-1-16、图 4-1-17 所示。

图 4-1-16　横号码

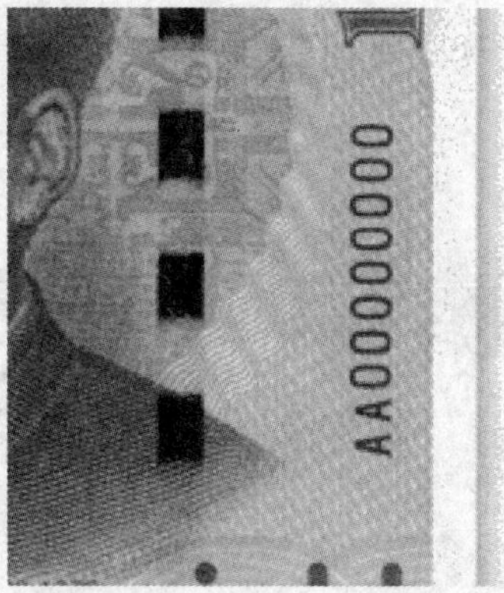

图 4-1-17　竖号码

⑥ 白水印。位于票面正面横号码下方。透光观察，可以看到透光性很强的水印面额数字“100”。如图 4-1-18 所示。

图 4-1-18　白水印

⑦ 雕刻凹印。票面正面毛泽东头像、“中国人民银行”行名、国徽、右上角面额数字、盲文及背面主景人民大会堂等均采用雕刻凹印印刷，用手指触摸有明显的凹凸感。如图 4-1-19~图 4-1-24 所示。

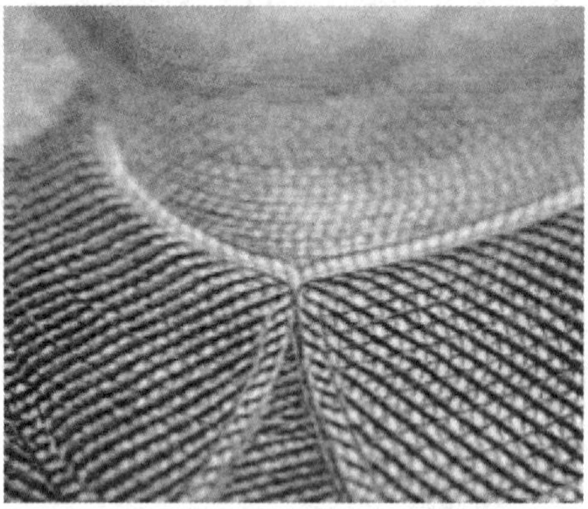

图 4-1-19　雕刻凹印之毛泽东头像(局部)

图 4-1-20　雕刻凹印之“中国人民银行”行名(局部)

图 4-1-21　雕刻凹印之国徽

图 4-1-22 雕刻凹印之正面右上角面额数字

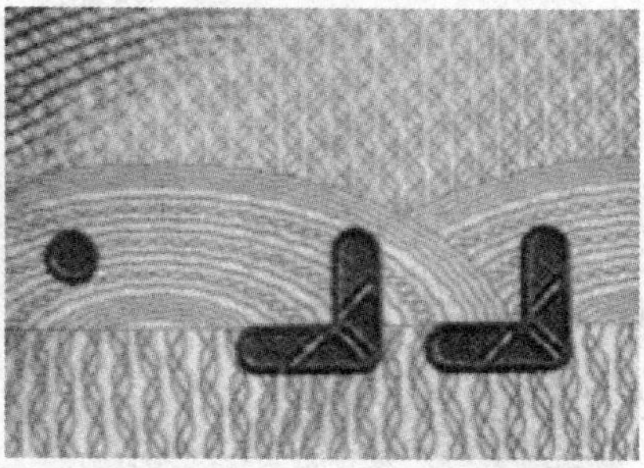

图 4-1-23 雕刻凹印之盲文

图 4-1-24 雕刻凹印之背面主景人民大会堂

以上 7 点为公众防伪，以下 8 点为专业防伪：

⑧ 有色荧光竖号码。位于票面正面右侧，蓝色竖号码在特定波长紫外光照射下可见绿色荧光效果。

⑨ 有色荧光图案。位于背面主景人民大会堂图案上方椭圆形图案中，部分图案在特定波长紫外光照射下可见橘黄色荧光图案。

⑩ 无色荧光纤维。随机分布于纸张中。在特定波长紫外光照射下，可看到黄色和蓝

色纤维。

⑪ 无色荧光图案。位于票面正面中部，行名下方。在特定波长紫外光照射下可见黄色荧光的面额数字“100”，可供机读。

⑫ 双色横号码。位于票面正面左下方，其冠字和前两位数字为暗红色，后六位数字为黑色。用特定仪器检测，双色横号码具有磁性，可供机读。

⑬ 全埋安全线。位于票面中部。透光观察，可见安全线中镂空面额数字“100”。仪器检测有磁性，可供机读。

⑭ 红外配对图案。位于票面背面中部和右侧的凹印图案中，部分图案具有红外特征。

⑮ 防复印标记。在票面正面左侧、背面右侧的部分图案，可以防止彩色复印。

(3) 2019 年版第五套人民币防伪特征。

2019 年 8 月 30 日中国人民银行发行的 2019 年版第五套人民币包含：50 元、20 元、10 元、1 元纸币；1 元、5 角、1 角硬币。

① 50 元券(见图 4-1-25)。

❶ 光彩光变面额数字　❺ 白水印
❷ 动感光变镂空开窗安全线　❻ 胶印对印图案
❸ 雕刻凹印
❹ 人像水印

图 4-1-25　2019 年版第五套人民币(50 元)

a. 光彩光变面额数字。位于票面正面中部。改变钞票观察角度，面额数字“50”的颜色在绿色和蓝色之间变化，并可见一条亮光带上下滚动。如图 4-1-26 所示。

图 4-1-26 光彩光变面额数字

b. 动感光变镂空开窗安全线。位于票面正面右侧。改变钞票观察角度，安全线颜色在红色和绿色之间变化，亮光带上下滚动。透光观察可见“￥50”。如图 4-1-27 所示。

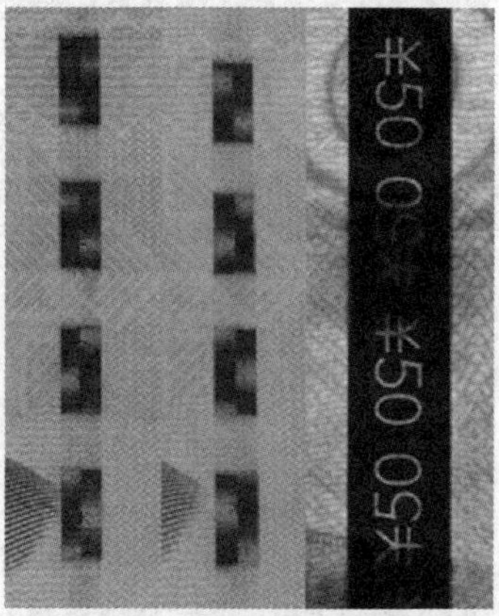

图 4-1-27 动感光变镂空开窗安全线

c. 雕刻凹印。票面正面毛泽东头像、国徽、“中国人民银行”行名、装饰团花、右上角面额数字、盲文面额标记及背面主景等均采用雕刻凹版印刷，触摸有凹凸感。如图 4-1-28~图 4-1-37 所示。

图 4-1-28 雕刻凹印之毛泽东头像

图 4-1-29　雕刻凹印之国徽

图 4-1-30　雕刻凹印之“中国人民银行”行名(局部)

图 4-1-31　雕刻凹印之装饰团花

图 4-1-32 雕刻凹印之正面右上角面额数字

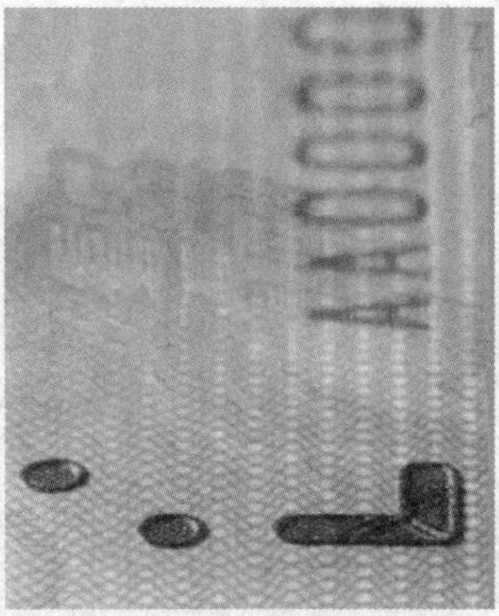

图 4-1-33 雕刻凹印之盲文面额标记

图 4-1-34 雕刻凹印之背面主景布达拉宫

d. 人像水印。位于票面正面左侧。透光观察，可见毛泽东头像水印。如图 4-1-35 所示。

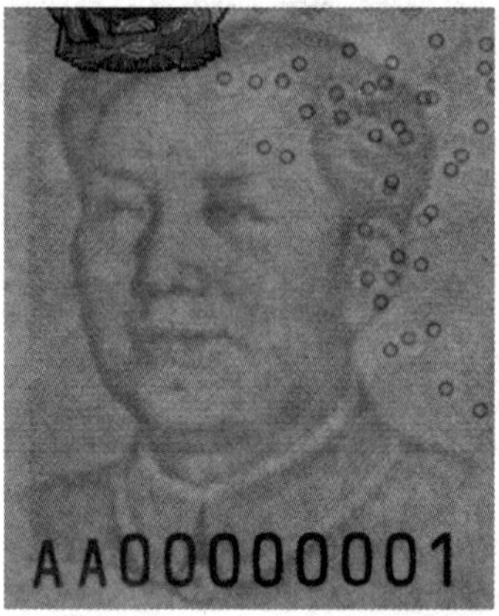

图 4-1-35　人像水印

e. 白水印。位于票面正面左侧下方。透光观察，可见面额数字“50”。如图 4-1-36 所示。

图 4-1-36　白水印

f. 胶印对印图案。票面正面左下角和背面右下角均有面额数字“50”的局部图案。透光观察，正背面图案组成一个完整的面额数字“50”。如图 4-1-37 所示。

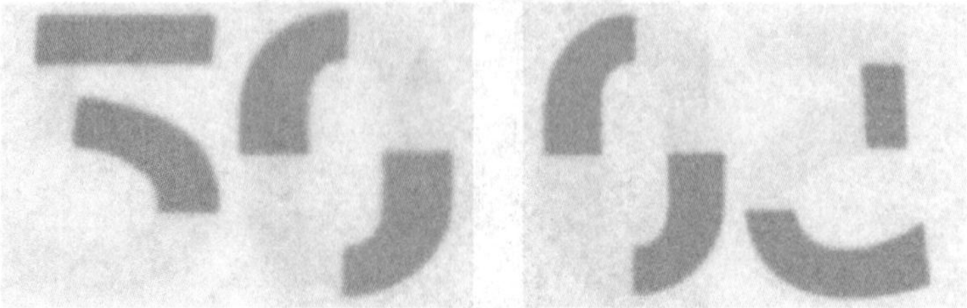

图 4-1-37　胶印对印图案

② 20 元券(见图 4-1-38)。

a. 光彩光变面额数字。位于票面正面中部。改变钞票观察角度，面额数字“20”的颜色在金色和绿色之间变化，并可见一条亮光带上下滚动。如图 4-1-39 所示。

❶ 光彩光变面额数字　　❺ 白水印
❷ 光变镂空开窗安全线　　❻ 胶印对印图案
❸ 雕刻凹印
❹ 花卉水印

图 4-1-38　2019 年版第五套人民币(20 元)

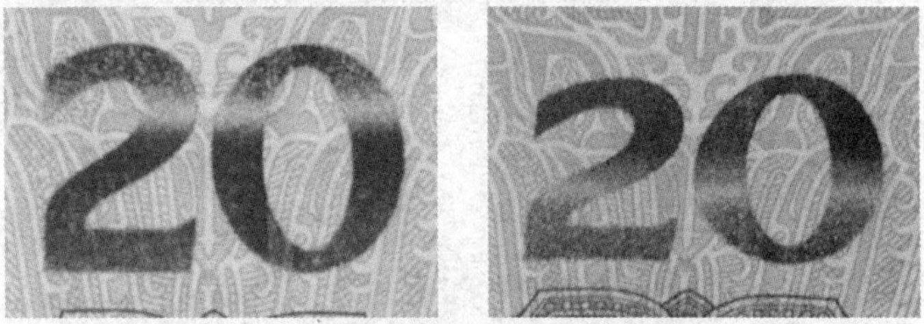

图 4-1-39　光彩光变面额数字

b. 光变镂空开窗安全线。位于票面正面右侧。改变钞票观察角度，安全线颜色在红色和绿色之间变化。透光观察可见“¥20”。如图 4-1-40 所示。

图 4-1-40　光变镂空开窗安全线

c. 雕刻凹印。票面正面毛泽东头像、国徽、“中国人民银行”行名、装饰团花、右上角面额数字、盲文面额标记及背面主景等均采用雕刻凹版印刷，触摸有凹凸感。如图 4-1-41～图 4-1-44 所示。

图 4-1-41　雕刻凹印之装饰团花

图 4-1-42　雕刻凹印之正面右上角面额数字

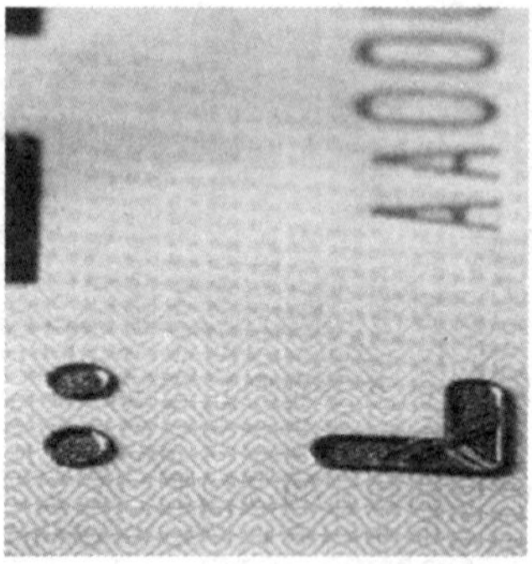

图 4-1-43　雕刻凹印之盲文面额标记

图 4-1-44　雕刻凹印之背面主景桂林山水

d. 花卉水印。位于票面正面左侧。透光观察，可见花卉图案水印。如图 4-1-45 所示。

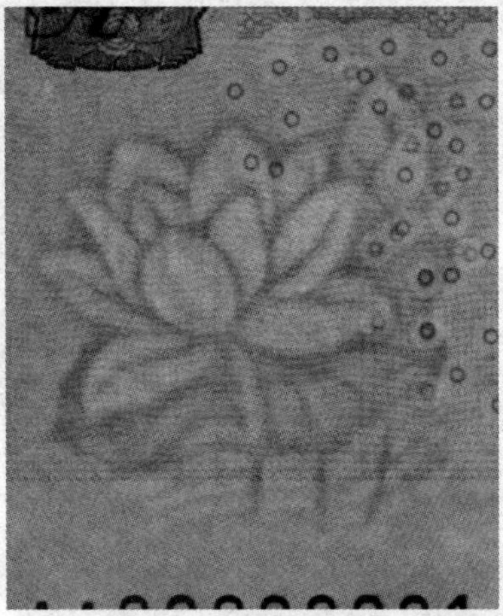

图 4-1-45 花卉水印

e. 白水印。位于票面正面左侧下方。透光观察，可见面额数字“20”。如图 4-1-46 所示。

图 4-1-46 白水印

f. 胶印对印图案。票面正面左下角和背面右下角均有面额数字“20”的局部图案。透光观察，正背面图案组成一个完整的面额数字“20”。如图 4-1-47 所示。

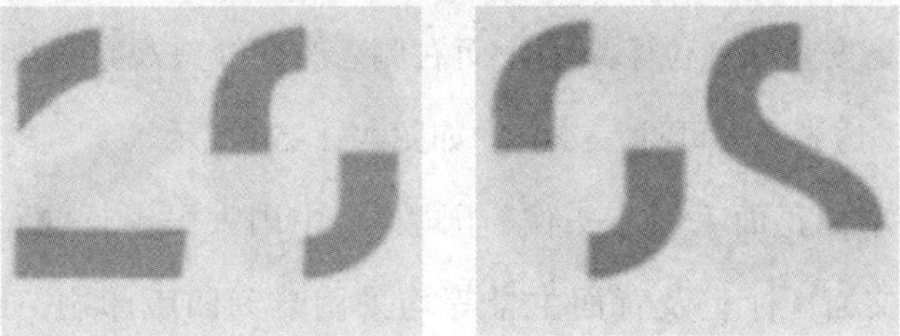

图 4-1-47 胶印对印图案

③ 10 元券(见图 4-1-48)。

❶ 光彩光变面额数字　　❺ 白水印
❷ 光变镂空开窗安全线　　❻ 胶印对印图案
❸ 雕刻凹印
❹ 花卉水印

图 4-1-48　2019 年版第五套人民币(10 元)

a. 光彩光变面额数字。位于票面正面中部。改变钞票观察角度，面额数字“10”的颜色在绿色和蓝色之间变化，并可见一条亮光带上下滚动。如图 4-1-49 所示。

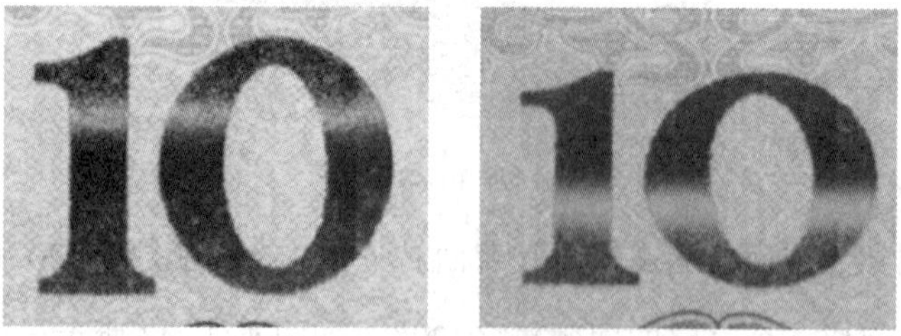

图 4-1-49　光彩光变面额数字

b. 光变镂空开窗安全线。位于票面正面右侧。改变钞票观察角度，安全线颜色在红色和绿色之间变化。透光观察可见“ ¥10”。如图 4-1-50 所示。

c. 雕刻凹印。票面正面毛泽东头像、国徽、“中国人民银行”行名、装饰团花、右上角面额数字、盲文面额标记及背面主景等均采用雕刻凹版印刷，触摸有凹凸感。如图 4-1-51~图 4-1-54 所示。

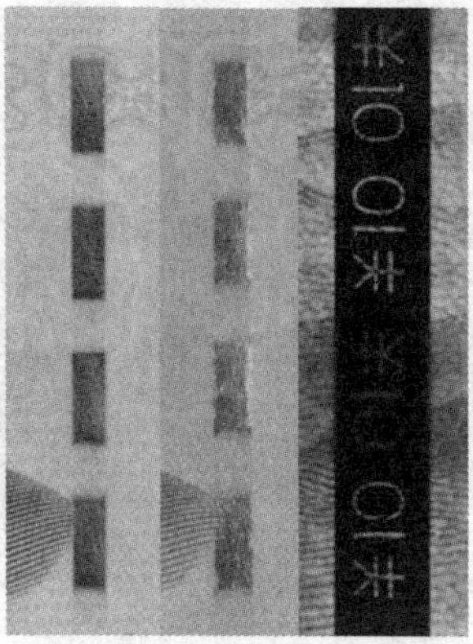

图 4-1-50 光变镂空开窗安全线

图 4-1-51 雕刻凹印之装饰团花

图 4-1-52 雕刻凹印之正面右上角面额数字

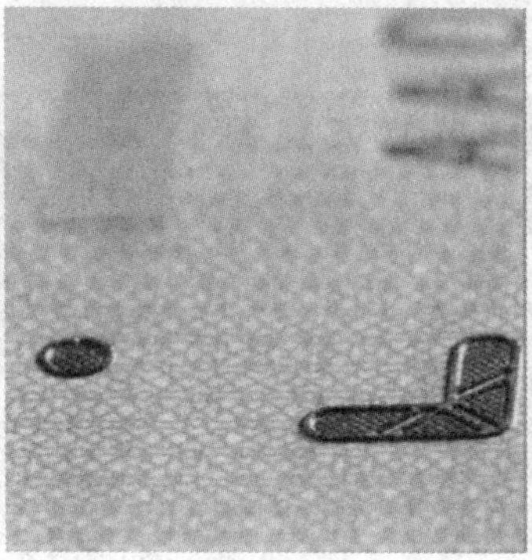

图 4-1-53 雕刻凹印之盲文面额标记

图 4-1-54　雕刻凹印之背面主景长江三峡

d. 花卉水印。位于票面正面左侧。透光观察，可见花卉图案水印。如图 4-1-55 所示。

图 4-1-55　花卉水印

e. 白水印。位于票面正面左侧下方。透光观察，可见面额数字“10”。如图 4-1-56 所示。

图 4-1-56　白水印

f. 胶印对印图案。票面正面左下角和背面右下角均有面额数字“10”的局部图案。透光观察，正背面图案组成一个完整的面额数字“10”。如图 4-1-57 所示。

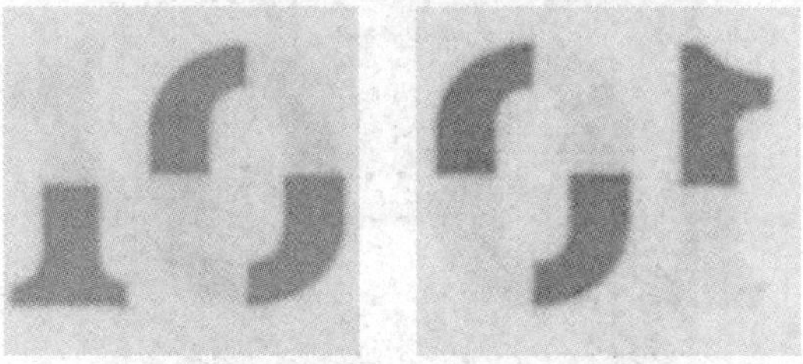

图 4-1-57　胶印对印图案

④ 1 元券(见图 4-1-58)。

❶ 雕刻凹印

❷ 花卉水印

❸ 白水印

图 4-1-58　2019 年版第五套人民币(1 元)

a. 雕刻凹印。票面正面毛泽东头像、国徽、“中国人民银行”行名、装饰团花、右上角面额数字、盲文面额标记等均采用雕刻凹版印刷，触摸有凹凸感。如图 4-1-59~图 4-1-61 所示。

b. 花卉水印。位于票面正面左侧。透光观察，可见花卉图案水印。如图 4-1-62 所示。

图 4-1-59　雕刻凹印之装饰团花

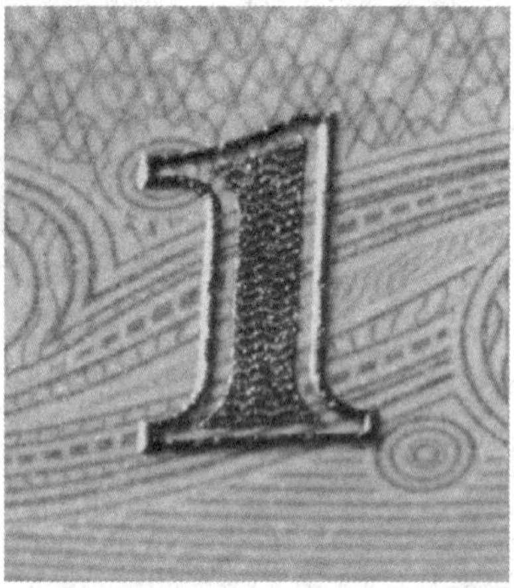

图 4-1-60　雕刻凹印之正面右上角面额数字

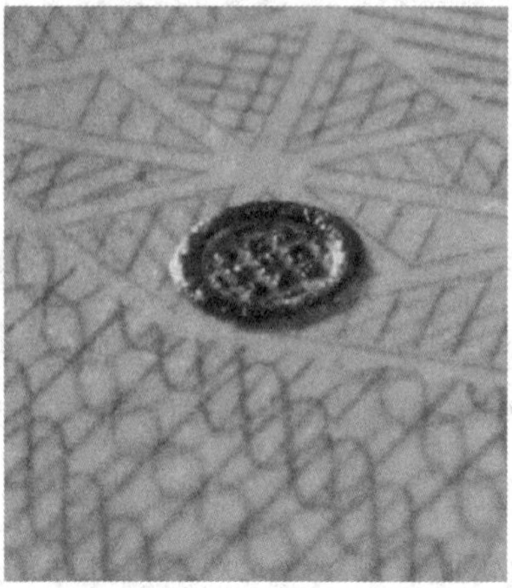

图 4-1-61　雕刻凹印之盲文面额标记

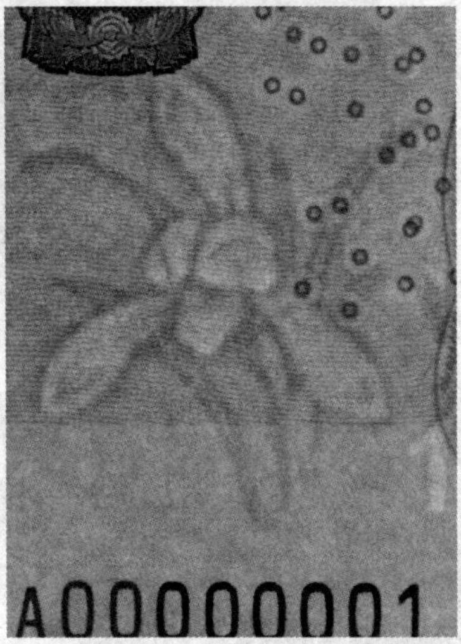

图 4-1-62　花卉水印

c. 白水印。位于票面正面左侧下方。透光观察，可见面额数字“1”。如图 4-1-63 所示。

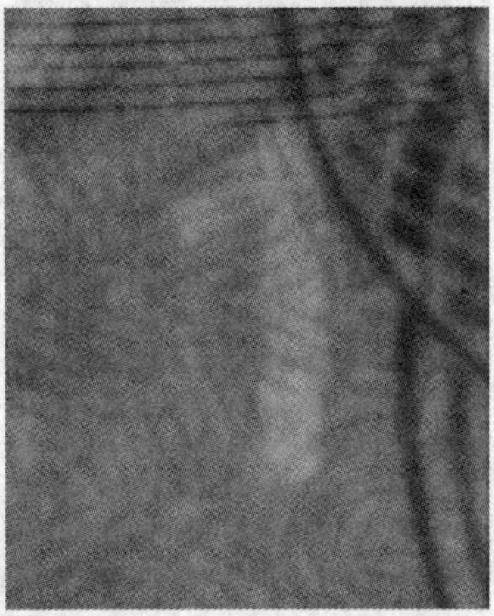

图 4-1-63　白水印

(4) 2020 年版第五套人民币 5 元券(见图 4-1-64)防伪特征。

a. 光彩光变面额数字。位于票面正面中部。改变钞票观察角度，面额数字“5”的颜色在金色和绿色之间变化，并可见一条亮光带上下滚动。如图 4-1-65 所示。

b. 凹印对印面额数字与凹印对印图案。票面正面左下角、右上角和其对应的背面右下角、左上角有面额数字“5”和对印图案的局部图案，透光观察，正背面图案组成完整的面额数字与对印图案。如图 4-1-66 所示。

图 4-1-64　2020 年版第五套人民币(5 元)

图 4-1-65　光彩光变面额数字

图 4-1-66　凹印对印面额数字与凹印对印图案

c. 雕刻凹印。票面正面毛泽东头像、国徽、“中国人民银行”行名、对印面额数字与图案、装饰团花、盲文面额标记及背面主景、对印面额数字与图案等均采用雕刻凹版印刷，触摸有凹凸感。如图 4-1-67～图 4-1-69 所示。

图 4-1-67　雕刻凹印之毛泽东头像

图 4-1-68　雕刻凹印之国徽

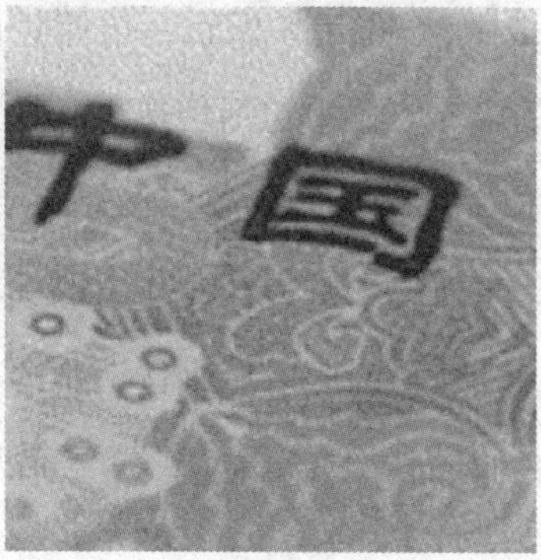

图 4-1-69　雕刻凹印之“中国人民银行”行名(局部)

d. 花卉水印。位于票面正面左侧。透光观察，可见花卉图案水印。如图 4-1-70 所示。

图 4-1-70　花卉水印

e. 白水印。位于票面正面左侧。透光观察，可见面额数字“5”。如图 4-1-71 所示。

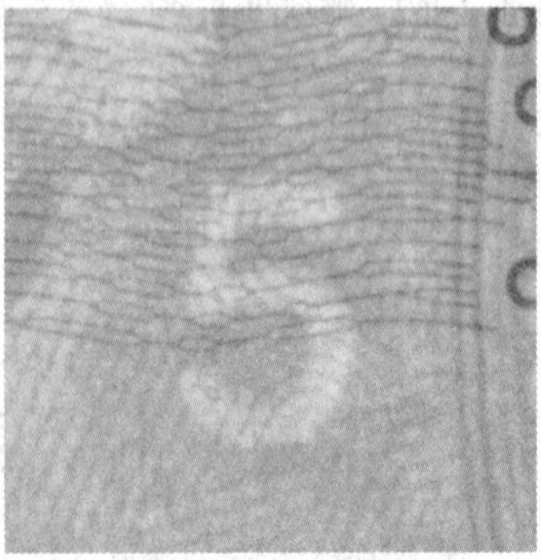

图 4-1-71　白水印

3. 鉴别人民币纸币的基本方法

2020 年 4 月 1 日起施行的《中国人民银行货币鉴别及假币收缴、鉴定管理办法》第三条规定：“假币是指不由国家(地区)货币当局发行，仿照货币外观或者理化特性，足以使公众误辨并可能行使货币职能的媒介。假币包括伪造币和变造币。伪造币是指仿照真币的图案、形状、色彩等，采用各种手段制作的假币。变造币是指在真币的基础上，利用挖补、揭层、涂改、拼凑、移位、重印等多种方法制作，改变真币原形态的假币。”

在我国的假人民币纸币中，伪造币最多。鉴别伪造币的方法有人工鉴别法和机器检测法。工作中常将这两种方法结合使用，即“一看、二摸、三听、四测、五量”。

(1) 眼看法。

眼看法是指通过看水印、看安全线、看票面图案、看隐形面额数字、看整体印刷效果，来辨别真假人民币的方法。

① 看水印，水印是安全、可靠的大众防伪特征之一。

② 看安全线，安全线也是大众防伪特征之一。

③ 看票面图案。

④ 看隐形面额数字。

⑤ 看整体印刷效果。

（2）手摸法。

手摸法是指通过触摸纸币票面上凹印部位的线条和纸质，来鉴别真假人民币的方法。

① 触摸票面上凹印部位的线条，感觉是否有明显的凹凸感。通常假人民币没有凹凸感或凹凸感不强。

② 触摸纸币纸质，感觉是否薄厚适中、挺括度好。一般来讲，真人民币纸质坚韧、挺括，手感厚实；假人民币纸质较薄，手感绵软。

（3）耳听法。

耳听法是指通过听声音来鉴别真假人民币的方法。

真人民币所使用的纸张是经过特殊处理、添加了化学成分的纸张，挺括耐折，手持钞票用力抖动、手指轻弹或双手一张一弛轻轻对称拉动，能听到清脆响亮的声音。

假人民币纸张发软，偏薄或偏厚，抖动或弹击的声音发闷，不耐揉折。

（4）仪器检测法。

仪器检测法是指借助一些简单的工具和专用仪器来鉴别真假人民币的方法。

例如：借助放大镜，可以观察票面线条清晰度、胶印、凹印微缩文字等；采用紫外灯光照射票面，可以观察钞票纸张和油墨有无荧光反应；利用磁性检测仪，可以检测号码的磁性。

（5）尺量法。

尺量法是指通过用尺衡量钞票的规格尺寸来鉴别真假人民币的方法。真人民币纸张的尺寸十分严格，精确到以毫米计。

4. 发现假人民币的处理

《中华人民共和国人民币管理条例》（2018 年修订）第三十一条规定：“单位和个人持有伪造、变造的人民币的，应当及时上交中国人民银行、公安机关或者办理人民币存取款业务的金融机构；发现他人持有伪造、变造的人民币的，应当立即向公安机关报告。”

《中华人民共和国人民币管理条例》(2018年修订)第三十二条规定：“中国人民银行、公安机关发现伪造、变造的人民币，应当予以没收，加盖“假币”字样的戳记，并登记造册；持有人对公安机关没收的人民币的真伪有异议的，可以向中国人民银行申请鉴定。公安机关应当将没收的伪造、变造的人民币解缴当地中国人民银行。”

《中华人民共和国人民币管理条例》(2018年修订)第三十三条规定：“办理人民币存取款业务的金融机构发现伪造、变造的人民币，数量较多、有新版的伪造人民币或者有其他制造贩卖伪造、变造的人民币线索的，应当立即报告公安机关；数量较少的，由该金融机构两名以上工作人员当面予以收缴，加盖“假币”字样的戳记，登记造册，向持有人出具中国人民银行统一印制的收缴凭证，并告知持有人可以向中国人民银行或者向中国人民银行授权的国有独资商业银行的业务机构申请鉴定。对伪造、变造的人民币收缴及鉴定的具体办法，由中国人民银行制定。办理人民币存取款业务的金融机构应当将收缴的伪造、变造的人民币解缴当地中国人民银行。”

5. 不宜流通人民币的挑剔

根据2004年1月1日实施的《不宜流通人民币挑剔标准》等规定要求，下列货币不宜再在市场流通，各金融机构应该做好兑换、挑剔与回收工作。

(1) 纸币票面缺少面积在20平方毫米以上的。

(2) 纸币票面裂口2处以上，长度每处超过5毫米的；裂口1处，长度超过10毫米的。

(3) 纸币票面有纸质较绵软，起皱较明显，脱色、变色、变形，不能保持其票面防伪功能等情形之一的。

(4) 纸币票面污渍、涂写字迹面积超过2平方厘米的；不超过2平方厘米，但遮盖了防伪特征之一的。

(5) 硬币有穿孔，裂口，变形，磨损，氧化，文字、面额数字、图案模糊不清等情形之一的。

6. 残损人民币的兑换

(1) 凡残损人民币属于下列情形之一者，应持币向银行照全额兑换。

① 票面残损不超过1/4，其余部分的图案、文字能照原样连接者，如图4-1-72、

图 4-1-73 所示。

图 4-1-72　残损人民币样式 1

图 4-1-73　残损人民币样式 2

② 票面污损、熏焦、水湿、油浸、变色，但能辨别真假，票面完整或残损不超过 1/4，其余部分的图案、文字能照原样连接者，如图 4-1-74、图 4-1-75 所示。

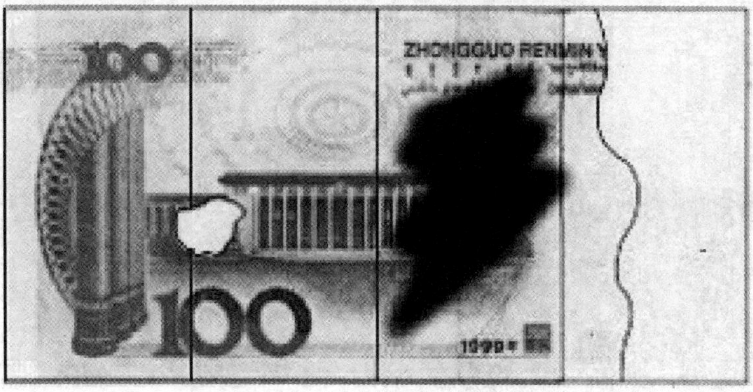

图 4-1-74　残损人民币样式 3

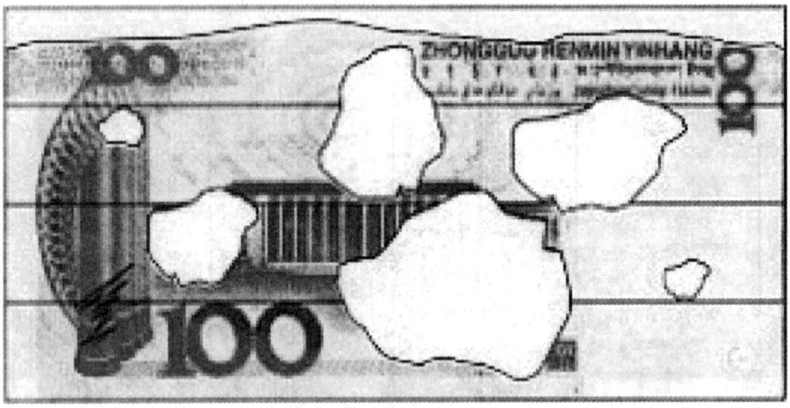

图 4-1-75　残损人民币样式 4

（2）票面残损 1/4 以上至 1/2，其余部分的图案、文字能照原样连接者，应持币向银行照原面额半数兑换，不得流通使用，如图 4-1-76、图 4-1-77 所示。

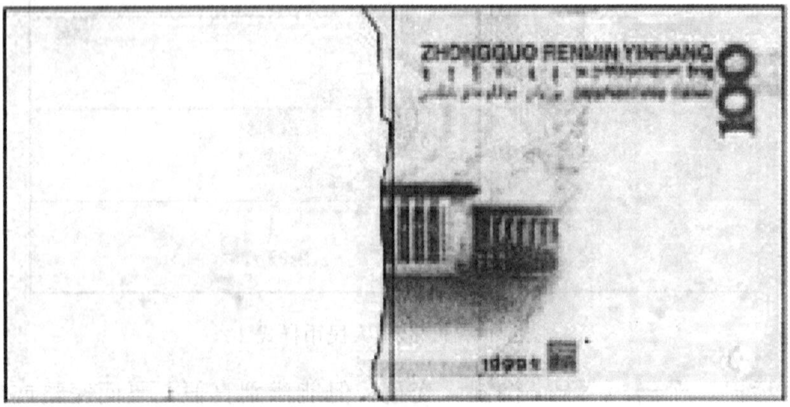

图 4-1-76　残损人民币样式 5

图 4-1-77　残损人民币样式 6

(3) 凡残损人民币属于下列情形之一者，不予兑换。

① 票面残损 1/2 以上，如图 4-1-78、图 4-1-79 所示。

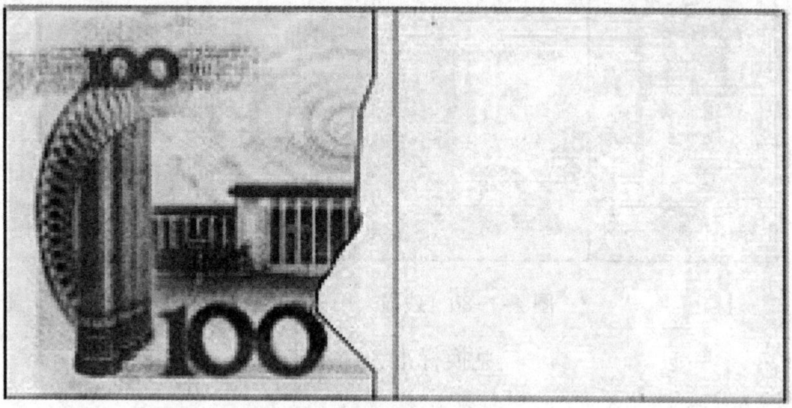

图 4-1-78 残损人民币样式 7

图 4-1-79 残损人民币样式 8

② 票面污损、熏焦、水湿、油浸、变色，不能辨别真假。

③ 故意挖补、涂改、剪贴拼凑、揭去一面者。

不予兑换的残损人民币，由中国人民银行统一销毁，不得流通使用。

四、实训内容

(1) 采用"一看、二摸、三听、四测、五量"的方法辨别当前流通中的不同面值的人民币。

(2) 标示出图 4-1-80～图 4-1-87 中残损人民币的兑换标准。

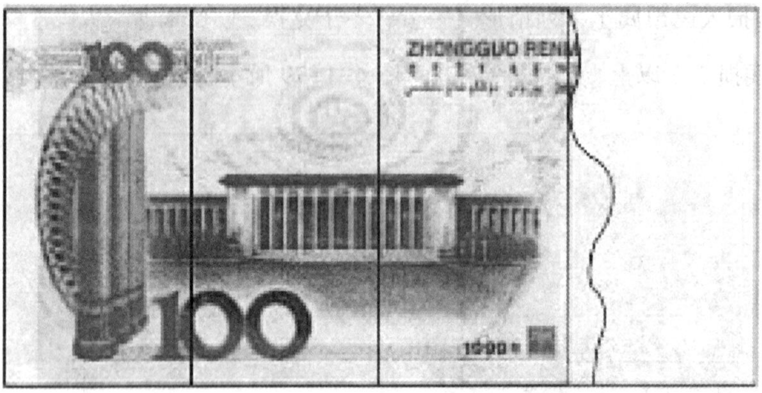

图 4-1-80　残损人民币样式 9

兑换标准(　　)

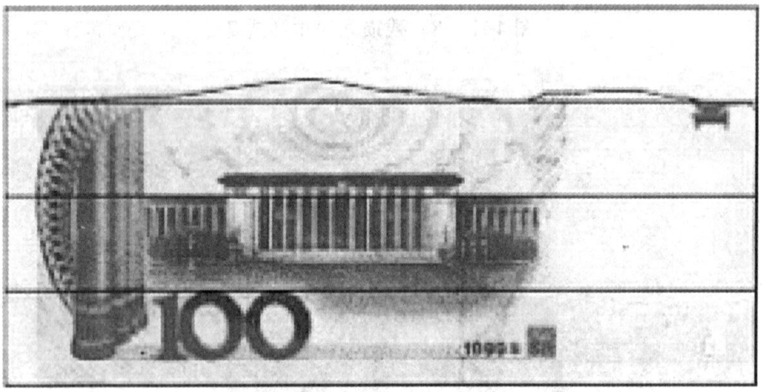

图 4-1-81　残损人民币样式 10

兑换标准(　　)

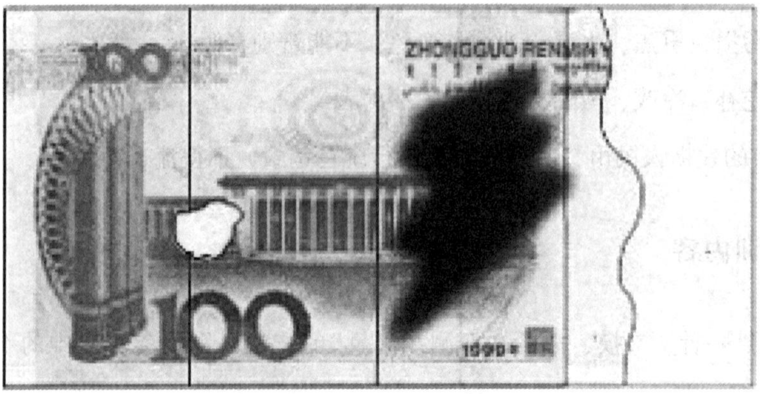

图 4-1-82　残损人民币样式 11

兑换标准(　　)

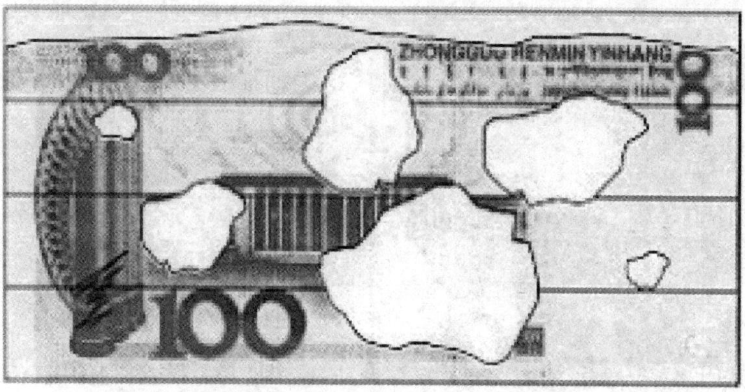

图 4-1-83 残损人民币样式 12

兑换标准(　　)

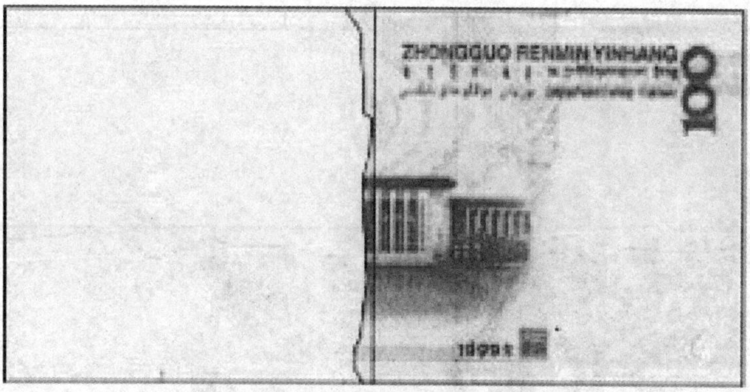

图 4-1-84 残损人民币样式 13

兑换标准(　　)

图 4-1-85 残损人民币样式 14

兑换标准(　　)

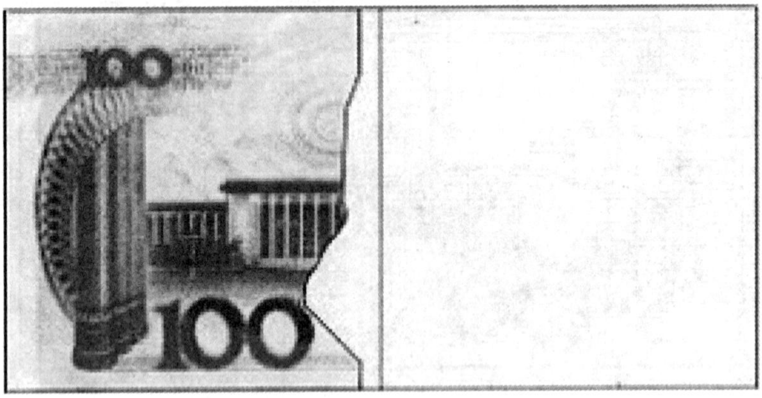

图 4-1-86 残损人民币样式 15

兑换标准(　　)

图 4-1-87 残损人民币样式 16

兑换标准(　　)

五、实训心得

任务2　点钞技能实训

一、实训目标

1. 知识目标

(1) 了解点钞的方法。

(2) 了解点钞的基本程序。

(3) 了解点钞的基本要求。

(4) 了解点钞所需相关用品。

(5) 掌握扎把和盖章的方法。

(6) 掌握手工点钞的方法。

(7) 掌握机器点钞(点纸币)的方法。

2. 技能目标

(1) 能正确进行点钞物品的摆放。

(2) 能规范地完成拆把、清点、计数、扎把等基本点钞动作。

(3) 能运用手按式点钞法准确、规范、快速地进行手工点钞。

(4) 能运用手持式点钞法准确、规范、快速地进行手工点钞。

(5) 能正确使用点钞机清点纸钞。

二、实训所需用品

点钞券、挡板、沾水盒(或固体甘油盒)、扎钞条、名章、印泥、计算器、笔、点钞机。

三、实训所需相关理论知识

点钞是指按照一定的方法查数票币数额，即整理、清点钞票的工作，在银行泛指清点各种票币，又称为票币整点。对于银行柜员、企事业单位出纳人员和收银员来说，清点钞票是一项经常的、大量的、技术性很强的工作。

1. 点钞的方法(见图 4-2-1)

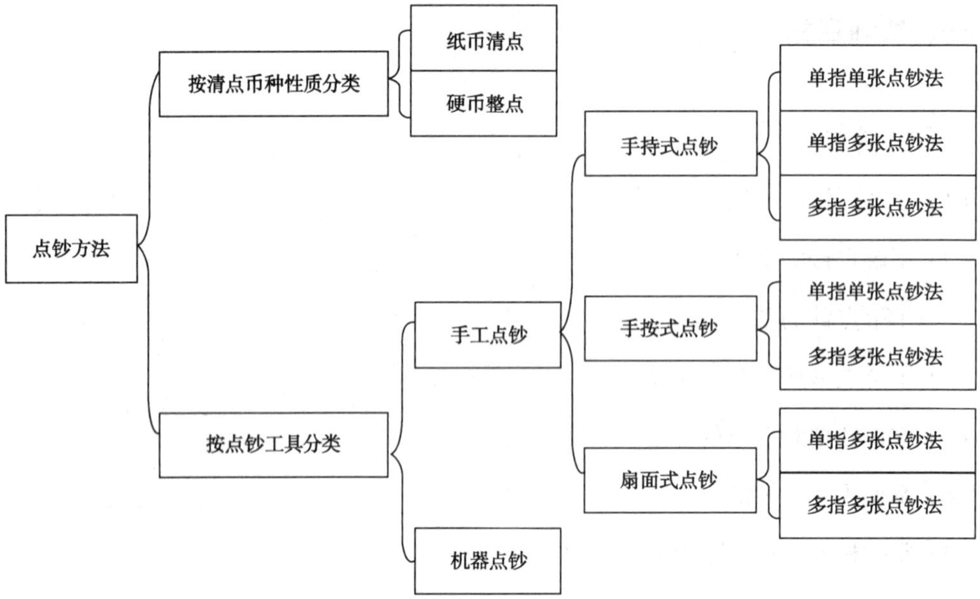

图 4-2-1　点钞的方法

2. 点钞的基本程序

点钞是从拆把开始到扎把结束的一个连续、完整的过程，想要加快点钞速度、提高点钞水平，必须做好各个环节的工作。由于钞票放置状况的不同，点钞的程序也不相同。

(1) 钞票呈无规律散放状态。当钞票的放置呈无规律散放状态时，其基本程序有以下六步：

① 整理钞票。

a. 同券同放，券面相同。

同券同放即将不同面值的票币进行分别归类，相同面值的放在一起；券面相同即将相同券面同一个方向放置。

b. 平铺整齐，边角无折。

c. 剔除残币，完残分放。

② 持钞。将若干张(一般为100张左右)钞票拿起，并墩整齐。

③ 清点。

④ 扎把。把点准的100张(或不足100张)的钞票墩齐，并用扎钞条扎紧，不足100张的在扎钞条上写出实点张数和金额。

⑤ 记数、盖名章。在扎好的扎钞条上加盖点数人的名章，以明确责任。

⑥ 计算总金额。将所清点的全部钞票按面值和张数计算出总金额。

说明：这种点钞程序一般在实际工作中使用较多。

(2) 钞票同面值百张整把放置。当钞票的放置有规律时，其基本程序有以下六步：

① 起钞。一般由左手单手将整把钞拿起放至胸前，同时做拆把准备。

② 拆把。用右手食指和大拇指捏住钞票两侧，将待点的成把钞票横捏成瓦状，左手食指插入扎钞条内将扎钞条脱去或勾断，同时做好点数准备。

③ 持钞与清点。因点钞方法不同，持钞与清点的方法也有所不同。

④⑤⑥的操作程序与钞票在无规律状态下的操作程序完全相同。

3. 点钞的基本要求

(1) 坐姿端正。直腰挺胸，身体自然，肌肉放松，双肘自然放在桌上，持票的左手腕部接触桌面，右手腕部稍抬起，整点货币轻松持久，活动自如。

(2) 放置适当。钞票放在正前方，顺着拿钞的方向把钞票整齐地放在前方，扎钞条顺着拿钞的方向摆放在右边，沾水盒、笔和名章是常用物品，一般放在右边，便于使用。

(3) 扇面均匀。起钞后持钞，使钞票开的扇每页之间间距相同。

(4) 动作连贯。点钞过程的各个环节(拆把、清点、墩齐、扎把、盖章)必须密切配合，环环相扣，双手动作协调，注意减少不必要的小动作。

(5) 点数准确。点钞技术关键是一个“准”字，清点和记数的准确是点钞的基本要求。点数准确一要精神集中，二要定型操作，三要手点、脑记，手、眼、脑紧密配合。

(6) 清理整齐。钞票点好后必须墩齐(四条边水平，不露头，卷角拉平)才能扎把。

(7) 扎把牢固。扎小把，以提起把中任意一张钞票不被抽出为准。

(8) 盖章清晰。扎钞条上的名章是分清责任的标志，要清晰可辨。

4. 点钞实训相关用品

(1) 点钞相关用品介绍。

在点钞过程中，为了保证清点工作顺利进行，需要事先备好的物品有以下几种：

① 挡板：挡板也称书立，用来挡住需要立放的钞券，如图 4-2-2 所示。

图 4-2-2 挡板

② 沾水盒(或固体甘油盒)：用于加大手指与钞面的摩擦，防止打滑，如图 4-2-3 所示。

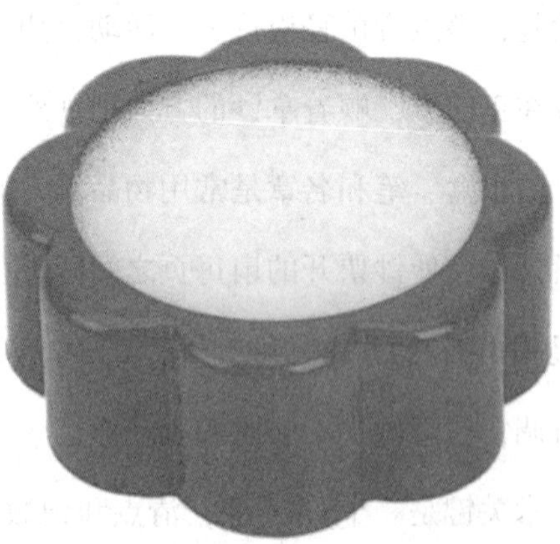

图 4-2-3 沾水盒

③ 扎钞条：点钞结束后用来将 100 张的整把钞扎上，如图 4-2-4 所示。

④ 名章：整把钞扎钞结束后盖在扎钞条上，如图 4-2-5 所示。

⑤ 印泥，如图 4-2-5 所示。

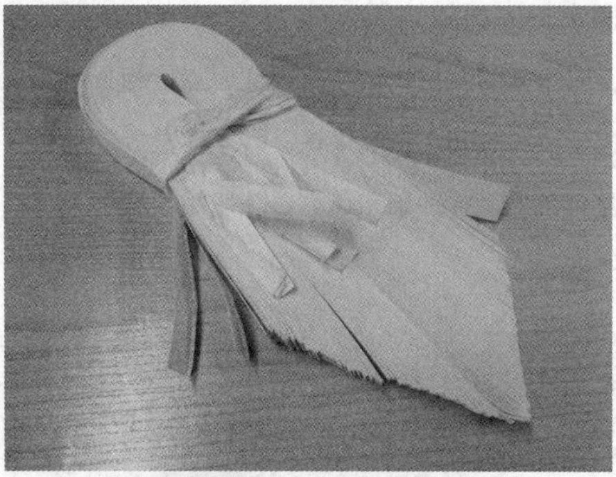

图 4-2-4　扎钞条

图 4-2-5　名章、印泥

⑥ 计算器，如图 4-2-6 所示。

图 4-2-6　计算器

（2）点钞用品的摆放。

点钞是连续作业，对速度的要求比较高。因此，点钞相关用品应按使用顺序在固定位置摆放好，以方便使用、节约时间。一般来说，钞票应立放于挡板上，并随挡板一起摆放在桌子的左边；沾水盒、名章、扎钞条和计算器等用品根据个人习惯进行摆放，但要注意保持整齐，如图 4-2-7 所示。

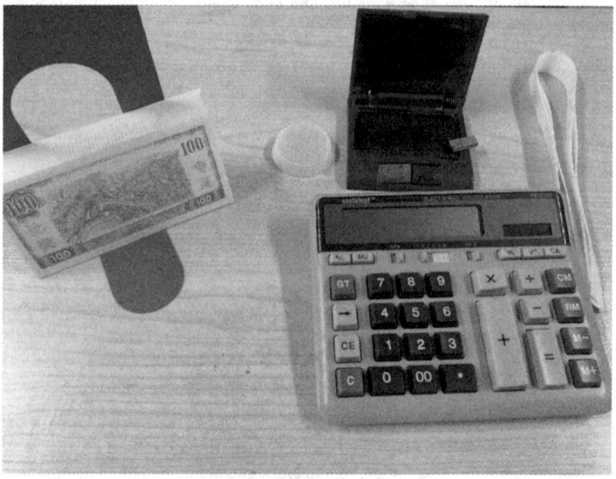

图 4-2-7　点钞用品的摆放

5. 扎把和盖章技巧

（1）扎把技巧。

扎把方法有缠绕法和拧结法两种，最常用的是缠绕法。本教材主要介绍缠绕法的操作方法和技巧。

① 将钞票墩齐并用左手横握钞票，大拇指在前，其余四指在后，左手用劲往内捏，使钞票成弓形。

② 左手食指移到钞票上侧边缘将钞票分开一条缝，右手将扎钞条的一端放入缝内，如图 4-2-8 所示。也可不将钞票开缝，直接把扎钞条的一端贴在钞票背面，用左手食指、中指压住，如图 4-2-9 所示。

③ 右手大拇指、食指和中指捏住扎钞条，由内向下向外缠绕（可根据扎钞条长度决定缠绕圈数）至钞票上端，右手腕向右侧翻转，大拇指在扎钞条前食指在扎钞条后，将扎钞条沿钞票边缘向右反折成正三角形的结并按住，然后换用食指将扎钞条尾端塞入钞票与扎钞条之间的空隙中，同时用大拇指将折角压平，以防松脱。如图 4-2-10、图 4-2-11 所示。

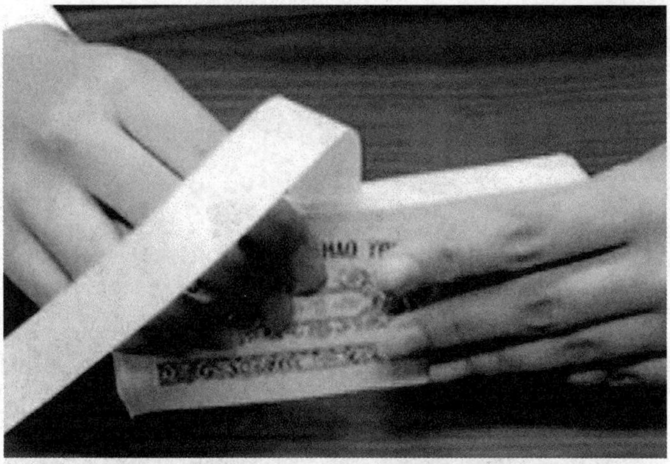

图 4-2-8 扎钞条放置方法 1

图 4-2-9 扎钞条放置方法 2

图 4-2-10 扎钞过程 1

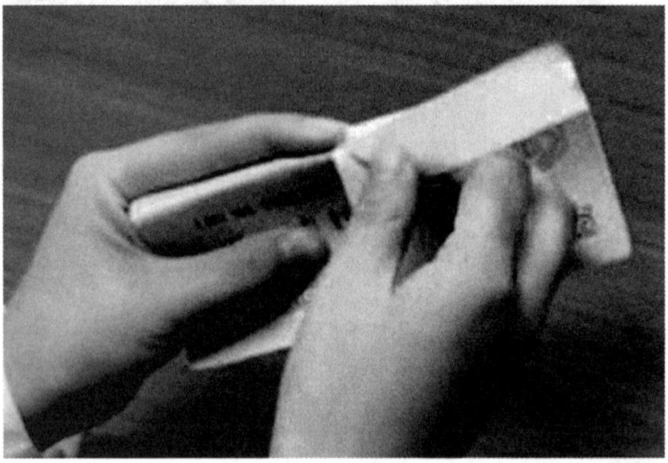

图 4-2-11　扎钞过程 2

（2）盖章技巧。

每把钞票都要加盖点钞人员带姓名的专用章。盖章时，左手将若干把捆扎完毕的钞票拿在手中，横向立于桌面，右手持名章，在钞票侧面的扎钞条上逐把加盖。如图 4-2-12 所示。

图 4-2-12　盖章

6. 手工点钞

（1）手按式点钞方法。

手按式点钞是将钞票放在桌面上进行清点的点钞方法，是一种比较传统的点钞方法。初学者适合先学习此种点钞方法，这有利于后续的手持式点钞法的学习。

手按式点钞法根据指法不同分为单指单张点钞法和多指多张点钞法。

① 手按式单指单张点钞。

这种方法看到的钞面比较大，容易发现假钞和破损钞。

a. 按钞。将钞票斜放在桌上，使其右下角稍伸出桌面，不要过于倾斜或平行。左手小拇指和无名指微弯按住钞票左上角，约占票面 1/3 处，大拇指、食指和中指微屈做好点钞准备，如图 4-2-13 所示。

图 4-2-13　按钞(手按式单指单张点钞)

b. 清点。用右手大拇指轻轻托起右下角的部分钞票，用右手食指捻动钞票，其余手指自然弯曲，右手食指每捻起一张钞票，左手大拇指便将钞票推送到左手食指与中指间夹住，依次连续操作，如图 4-2-14、图 4-2-15 所示。

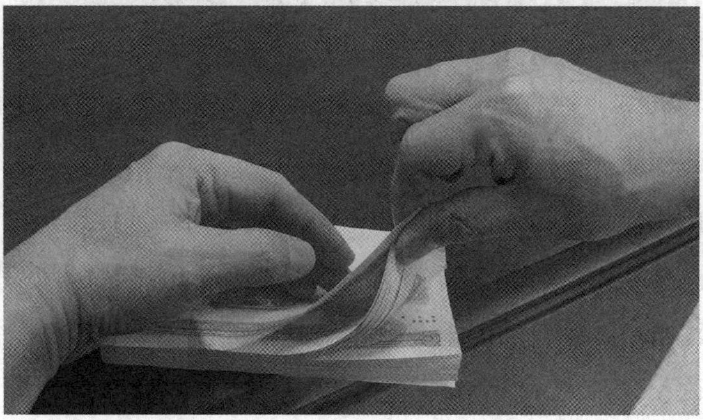

图 4-2-14　手按式单指单张点钞清点钞票示例 1

图 4-2-15　手按式单指单张点钞清点钞票示例 2

c. 挑出假钞、残损钞。清点钞票时，发现假钞、残损钞等，应将其向上折起，不要立即抽走，待整把清点结束后再抽出假钞、残损钞，并补上真钞、完好钞，如图 4-2-16 所示。

图 4-2-16　挑出假钞、残损钞

d. 计数。计数也是点钞的基本环节，它与清点相辅相成，在清点的基础上，必须做到计数准确。常用计数方法有以下三种：

第一种：自然数计数法。在计数过程中，以自然数顺序完成计数。

第二种：首位数定组分组计数法。在计数过程中，以 10 个数字为一组，每组数的第一位数表示组数，100 张钞共计 10 组，具体计数过程如下：

1、2、3、4、5、6、7、8、9、10

2、2、3、4、5、6、7、8、9、10

3、2、3、4、5、6、7、8、9、10

…………

10、2、3、4、5、6、7、8、9、10

第三种：末位数定组分组计数法。在计数过程中，以 10 个数字为一组，每组数的最后一位数表示组数，100 张钞共计 10 组，具体计数过程如下：

1、2、3、4、5、6、7、8、9、1

1、2、3、4、5、6、7、8、9、2

1、2、3、4、5、6、7、8、9、3

…………

1、2、3、4、5、6、7、8、9、10。

e. 扎把、盖章。扎把时先将清点准确的 100 张钞票在桌面上墩齐，使其四条边整齐光滑；然后左手持钞，右手取扎钞条将钞票捆扎牢固。

② 手按式多指多张点钞。

a. 按钞。把钞票斜放在桌上，使其右下角稍伸出桌面，不要过于倾斜或平行。左手小拇指和无名指微弯按住钞票左上角，约占票面 1/3 处，大拇指、食指和中指微屈做好点钞准备，如图 4-2-17 所示。

图 4-2-17　按钞(手按式多指多张点钞)

b. 清点。右手大拇指托起右下角的部分钞票(约 20 张左右)，右臂倾向左前方，两指两张点钞时，先用右手中指捻起第一张，再以食指捻起第二张；然后用左手大拇指向上推送到食指和中指间夹住。如此反复，直到清点完毕，如图 4-2-18、图 4-2-19 所示。

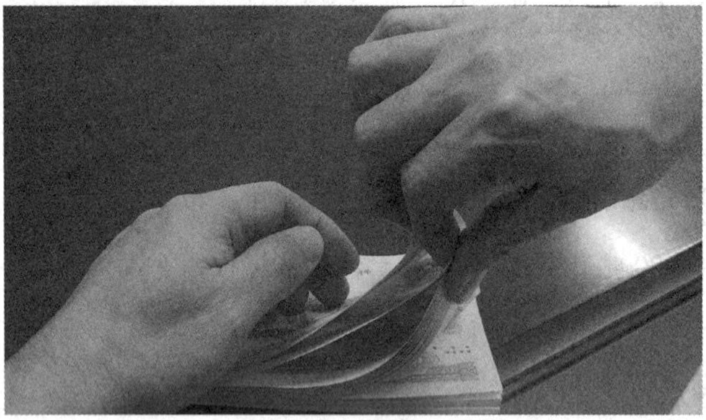

图 4-2-18　手按式两指两张点钞清点钞票示例 1

图 4-2-19　手按式两指两张点钞清点钞票示例 2

三指三张点钞时，先用右手无名指捻起第一张，再以中指和食指依次捻起第二张和第三张，如图 4-2-20 所示。四指四张点钞时，先用右手小拇指捻起第一张，再以无名指、中指和食指分别捻起第二张、第三张和第四张；然后用左手大拇指将钞票推送到左手食指与中指间夹住。如此反复，直至清点完毕，如图 4-2-21 所示。

图 4-2-20　手按式三指三张点钞清点钞票示例

图 4-2-21　手按式四指四张点钞清点钞票示例

c. 计数。一般采用分组记数法：若三指三张清点时，每 3 张为一组，数到 33 组最后余 1 张即为 100 张；若四指四张清点时，每 4 张为一组，数到 25 组为 100 张。

d. 扎把与盖章。与手按式单指单张点钞法相同。

(2) 手持式点钞方法。

① 手持式单指单张点钞。

手持式单指单张点钞法是指在清点钞票时，左手持钞、右手大拇指一次捻动一张钞票，逐张计数的方法。

a. 持钞。首先，左手中指和无名指弯曲夹紧钞票短的一边。然后，左手食指和大拇指从两侧轻握钞票，再用左手食指顶住钞票背部，大拇指夹推钞票正面，使钞票呈扇形，如图 4-2-22 所示。

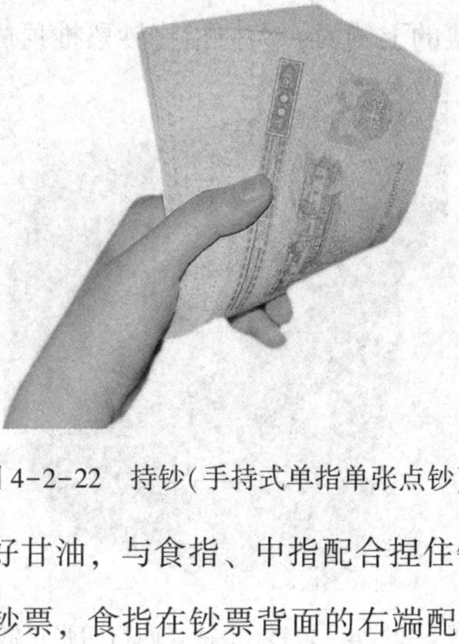

图 4-2-22　持钞(手持式单指单张点钞)

b. 清点。右手大拇指沾好甘油，与食指、中指配合捏住钞票右上角。用右手大拇指右侧(虎口侧)逐张向下捻动钞票，食指在钞票背面的右端配合大拇指捻动，捻动幅度要小，力度要轻。当第一张钞票捻下时，无名指配合将捻起的钞票向怀里及时弹出，要注意轻点快弹。同时，左手大拇指不能将钞票捏得过死，要配合右手起自然助推的作用。清点至还剩最后几张(一般 3～4 张)时，可以用左右手大拇指同时用力一次捻开，完成清点，如图 4-2-23 所示。

图 4-2-23　清点钞票(手持式单指单张点钞)

c. 计数。与手按式单指单张点钞法相同。

d. 扎把与盖章。与手按式单指单张点钞法相同。

② 手持式多指多张点钞。

a. 手持式四指四张点钞法。

手持式四指四张点钞是指使用右手小拇指、无名指、中指和食指依次拨动钞票顺时针旋转，每指一张，一次清点四张的方法。其操作步骤为：

第一步：持钞。左手中指指背顶住钞票的内侧，食指、无名指和小拇指盖在钞票的外侧，然后用左手食指顶住钞票的上侧面，大拇指将钞票推顶成扇面。如图 4-2-24 所示。

图 4-2-24　持钞(手持式四指四张点钞)

第二步：清点。右手大拇指放在钞票右侧扇面的右下角处，其余四指自然弯曲并拢；从小拇指开始捻动钞票，四个手指依次下滑捻动钞票，循环操作 25 次即为 100 张，如图 4-2-25 所示。

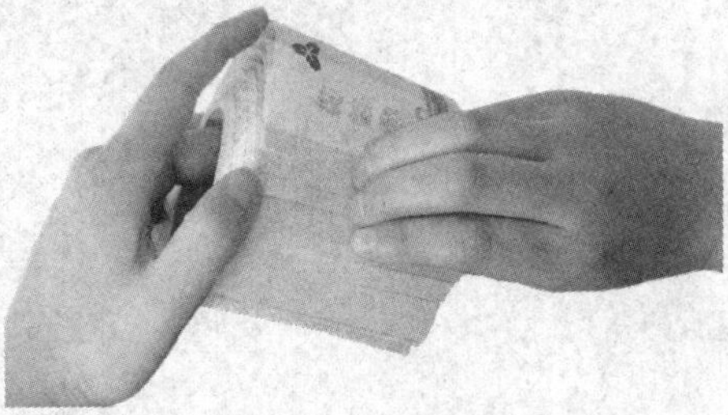

图 4-2-25　清点钞票(手持式四指四张点钞)

第三步：计数。采用分组计数，4 张为一组，计满 25 次即为 100 张。

第四步：扎把、盖章。与手按式单指单张点钞法相同。

b. 手持式五指拨动点钞法。

手持式五指拨动点钞法又称为五指抓点，是指使用右手大拇指、食指、中指、无名指和小拇指依次拨动钞票，其中大拇指顺时针旋转，其他手指逆时针旋转，每指一张，一次清点 5 张的方法。其操作步骤为：

第一步：持钞。用左手无名指和小拇指夹住钞票的左下方，同时用大拇指和中指夹住钞票的两侧边沿，用食指顶住钞票的背面并使钞票的右端向上弯成 U 形。如图 4-2-26 所示。

图 4-2-26　持钞(手持式五指拨动点钞)

第二步：清点。右手大拇指放在钞票右侧扇面的右上角处，从大拇指开始捻动钞票，五个手指一次下滑捻动钞票，循环操作 20 次即为 100 张，如图 4-2-27、图 4-2-28 所示。

第三步：计数。采用分组计数，5 张为一组，计满 20 次即为 100 张。

第四步：扎把、盖章。与手按式单指单张点钞法相同。

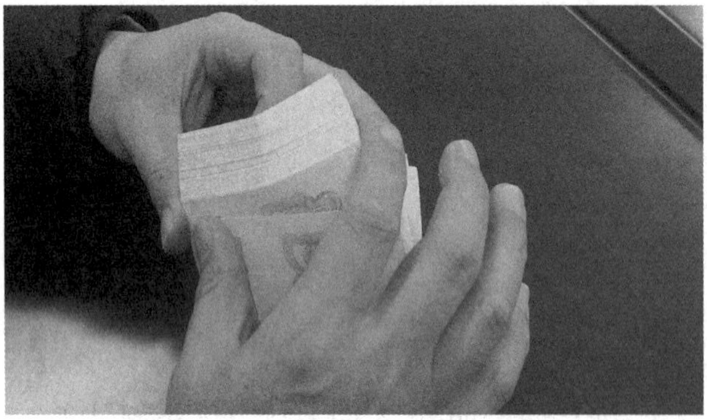

图 4-2-27　手持式五指拨动点钞清点钞票示例 1

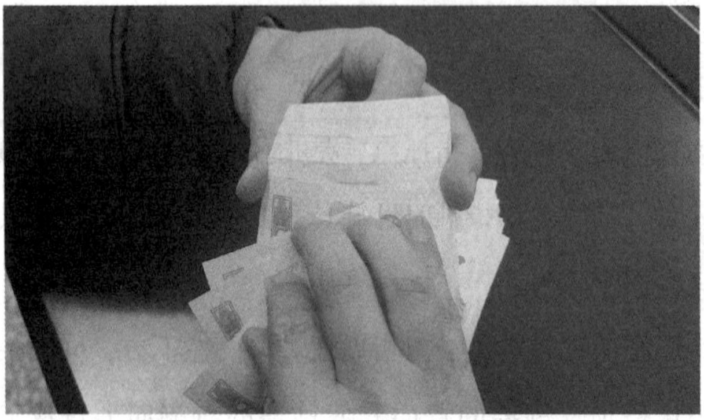

图 4-2-28　手持式五指拨动点钞清点钞票示例 2

（3）扇面式点钞方法。

扇面式点钞法，是指把钞票捻成扇面状进行清点的方法。扇面式点钞法是手工点钞中效率最高的一种点钞技术，最适合用于清点新票及复点工作。但由于采用这种点钞方法清点时往往只看票面边沿部分，票券可视面极小，不便于挑拣残破券和鉴别真假钞票，因此不适于清点新、旧、破混合在一起的钞票。

扇面式点钞法包括持钞、开扇、清点、计数、合扇、扎把盖章 6 个基本环节。

① 持钞。左手竖拿钞券。左手大拇指在票前下部约 1/4 处，食指、中指在票后同大拇指一起握住钞票。左手无名指和小拇指蜷向手心，自然弯曲。右手大拇指在票前，左手大拇指的上端，其余四指横在票后约 1/2 处，用右手虎口卡住钞券成瓦型，做好开扇准备。如图 4-2-29 所示。

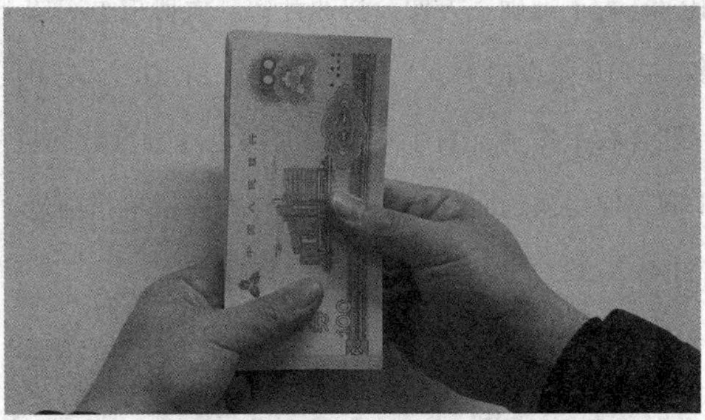

图 4-2-29　持钞(扇面式点钞)

② 开扇。开扇也叫打扇面，是扇面式点钞中最关键的环节。扇面要开得均匀，即每张钞券的间隔要均匀，在清点过程中才不易夹张，为点数打好基础。其方法如下：开扇面时，以左手大拇指与中指捏住的点为轴，右手食指和中指将钞券向胸前左下方压弯，然后再猛向右方闪动，同时右手大拇指在票前向左上方推动钞票，食指、中指在票后面用力向右捻动，左手大拇指在钞票原位置向逆时针方向画弧捻动，食指、中指在票后面用力向左上方捻动，右手手指逐步向下移动，至右下角时可将钞票推成扇面形。使用这些方法开扇时，应注意两手的动作是同时并连续进行的。如有不均匀的地方，可双手持钞抖动，使其均匀。如图 4-2-30 所示。

图 4-2-30　开扇(扇面式点钞)

③ 清点。扇面清点钞票的方法有 3 种：扇面式一按多张、扇面式两指交替和扇面式多指多张。

a. 扇面式一按多张清点。左手持扇面，右手中指、无名指、小指托住钞票背面，大拇指在钞票右上角 1 厘米处，一次按下 5 张或 10 张；按下后用食指压住，大拇指继续向前按下第 2 个 5 张或 10 张(为了准确、方便、快速计数，大拇指每次按下的张数应相同，且按下的张数不宜过多，以 10 张以内为宜)，以此类推。清点时，左手同时应随右手点数进度向内转动扇面，以迎合右手按动，右手右臂的肘部也随着点数的进度，自然向左移动，这样就不会因为右手向左伸得太远而影响速度。这样大拇指单指前进，直到点完 100 张为止。如图 4-2-31、图 4-2-32 所示。

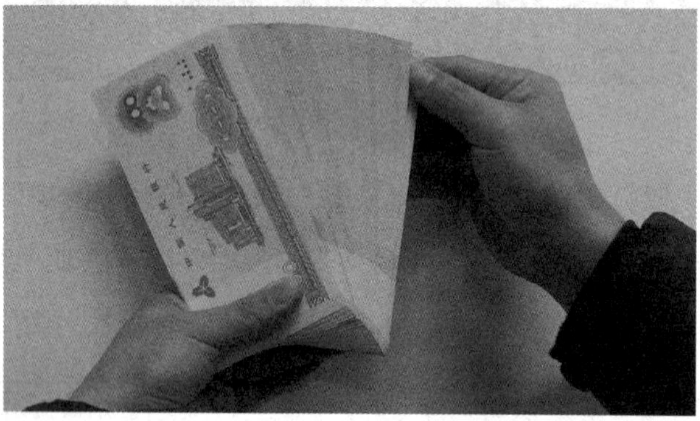

图 4-2-31　扇面式一按多张清点钞票示例 1

图 4-2-32　扇面式一按多张清点钞票示例 2

b. 扇面式两指交替清点。左手持扇面，右手中指、无名指、小指托住钞票背面，右手大拇指在钞票右上角 1 厘米处，一次按下 5 张或 10 张，然后右手食指接着数第 2 个 5 张或 10 张；食指点完后，接着大拇指、食指分别开始第 2 轮的按下 5 张或 10 张，以此类推。这种方法是右手大拇指、食指两指交替前进，同时，随着大拇指与食指的交替清点，右手右臂逐步向左移动，直到点完 100 张为止。如图 4-2-33 所示。

c. 扇面式四指多张清点。左手持扇面，先用右手大拇指查点第 1 个 5 张或 10 张，然后食指接着点第 2 个 5 张或 10 张，中指、无名指接着点第 3 个、第 4 个 5 张或 10 张，右臂要随各手指点数轻轻向左移动；当无名指点完时，大拇指由里边迅速越上去接着点第5个5张或10张(即开始第2轮的操作)。4个手指依次反复清点，直到点完100张为止。如图4-2-34所示。

图4-2-33 扇面式两指交替清点钞票示例

图4-2-34 扇面式四指多张清点钞票示例

④ 计数。采用自然数计数法，按组计数。如一次按5张为一组，计满20组为100张；如一次按10张为一组，计满10组即为100张，以此类推。

⑤ 合扇。清点完毕即可合扇。合扇方法是：将左手向右侧倒，右手托住钞票右侧向左合拢，左右手指稍往中间一起用力，使钞票竖立在桌面上，两手将钞票靠拢，然后再把钞票横墩齐做好扎把准备。

⑥ 扎把、盖章。与手按式单指单张点钞法相同。

7. 机器点钞(点纸币)

(1) 点钞机的基本知识。

点钞机是指一种自动清点钞票数目的机电一体化装置。现代社会，由于现金流通规模庞大，银行出纳柜台现金处理工作繁重，而使用点钞机则可以将出纳员从繁重的劳动中解脱出来，既节省劳动力，又节省工作时间。点钞机已成为不可缺少的设备。

① 点钞机的基本结构组成(见图 4-2-35)。

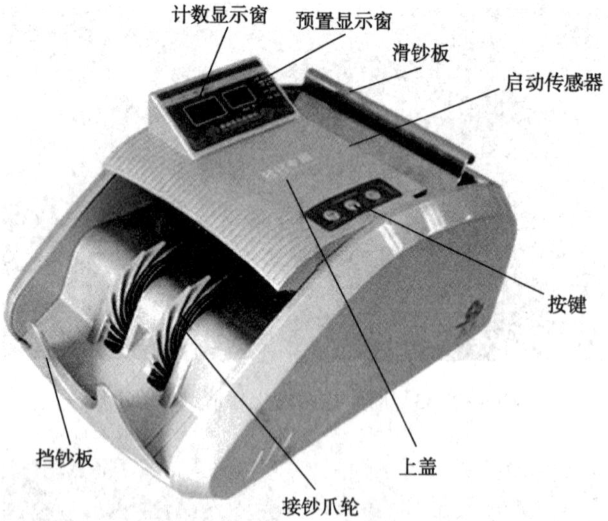

图 4-2-35　点钞机的基本结构组成

② 点钞机的功能。

点钞机有很多种类型，但不管哪种类型的点钞机，其功能大同小异，主要功能就是点数和检测货币真伪。每台点钞机具有哪些具体功能，因点钞机型号不同而有所区别，应参照每台点钞机的使用说明确定。在此，着重介绍点钞机的两个常用功能：累加功能和预置功能。

累加功能：可以对多次清点的钞票张数或金额进行累加，点钞机将显示出各次点钞的累加数。

预置功能：配合“+”“-”键，可以预先设置清点张数。设置好预置数(如 100 张)，点钞机将自动清点到预置数停机，拿出接钞台上的钞票后，点钞机又将自动点钞，上述步骤重复进行。

(2) 点钞机的使用方法。

① 点钞前的准备工作

a. 放置点钞机。将点钞机平放在桌面上，一般放在点钞人员的正前方稍微偏右一点即可。

b. 用品摆放。待点钞票放置在机器的右侧，按钞票面值自左至右依次排放；经复点的钞票放在机器左侧；扎钞条、沾水盒、名章、笔分别放置在点钞机与点钞员之间靠近点钞员胸前的那一侧，以适当、顺手为原则。

c. 试机。打开电源，观察荧光数码显示是否正常。检查功能设置是否准确。按下功能键，先仔细观察捻钞轮、接钞轮、接钞板和转速等是否运转正常，然后拿一把钞票(最好用练功券)试点，看机器运转是否均匀，下钞是否流畅，点钞是否准确，落钞是否整齐。

② 点钞机的操作程序。

机器点钞与手工点钞的操作程序基本相同，其步骤如下：

a. 持钞拆把。右手从机器右侧拿起钞票并将钞票横持在右手中，右手大拇指与中指、无名指、小拇指分别捏住钞票两侧，大拇指在里侧，其余三个手指在外侧，将钞票横捏成瓦形，食指在中间自然弯曲，如图 4-2-36 所示。然后，用左手将扎钞条拆去(见图 4-2-37)，同时用右手大拇指和食指捏住钞票上侧，右手中指、无名指、小拇指松开，使钞票弹回原处并自然形成前低后高的坡形(见图 4-2-38)，准备下钞。

图 4-2-36　右手横执钞票

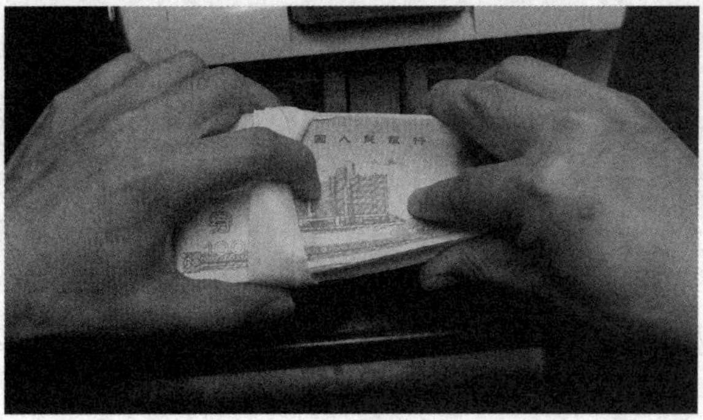

图 4-2-37　左手拆去扎钞条

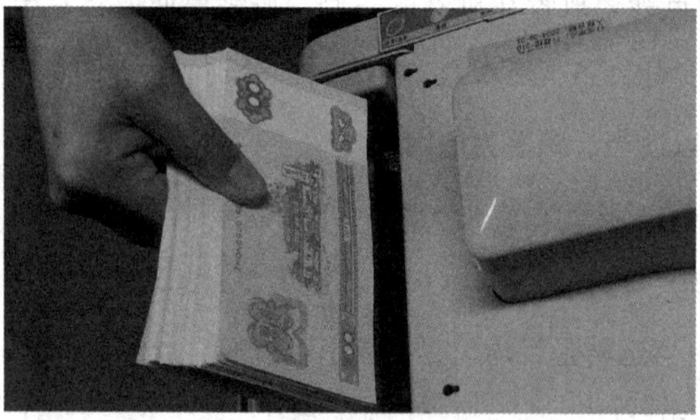

图 4-2-38　右手大拇指和食指捏住钞票，形成坡形

b. 下钞。右手将形成前低后高坡形的钞票向钞板方向推放入滑钞板。

c. 扎钞。与手工点钞相同。

d. 计数盖章。与手工点钞相同。

需要注意的是，由于点钞机速度快，要求点钞人员动作协调、紧凑，拆把、下钞、取钞、扎钞动作应连贯流畅；左右手分工明确，当右手将第一把钞票放入滑钞板后，马上拆开第二把，准备下钞，眼睛注意观察传送带上的钞票及计数器情况。当传送带上最后一张钞票落到接钞台后，左手迅速将钞票拿出，同时右手将第二把钞票放入滑钞板，然后对第一把钞票进行扎把。扎把时，眼睛仍应注意观察传送带上的钞票。当左手将第一把钞票放在机器左侧的同时，右手从机器右侧拿起第三把钞票做好下钞准备，左手顺势拆去第三把的扎钞条后，左手迅速从接钞台上取出第二把钞票进行扎把。这样顺序操作，连续作业，才能提高工作质量和工作效率。

③ 使用点钞机点钞的注意事项。

a. 不得将旧扎钞条和新扎钞条混用，以分清责任。

b. 下钞时，应将钞票捻成前低后高的斜坡形放入滑钞板，不可以使劲往点钞机里面推、塞钞票，以免出现故障。在机器点钞过程中，如下钞正常，目光要集中在传送带上，直至下钞完毕，目光再移到计数器数码显示上，看数额是否准确。

c. 为防止混把现象，应将先点完的钞票取干净后，才能再放入另一把钞票。

d. 点完一个单位的钞票后，要清理一次机器底部，看是否有遗漏的钞票留在机器底部。

e. 所点的每一个单位的钞票正反面都要进行点验。

f. 发现有假币及损伤券时，应挑出并补上真钞及完整券后才能扎把。

g. 为防止因积尘过多造成计数、识别不准确，应对点钞机进行防尘处理。

四、实训内容

1. 扎把、拆把实训

准备点钞练功券100张，扎钞条若干。严格按照拆把、扎把的动作要领及要求，用缠绕法先扎把，后拆把，反复练习。要求5秒以内完成扎把、拆把。

2. 手按式单指单张点钞法实训

（1）准备点钞练功券10把以上，扎钞条若干，个人名章一枚，沾水盒一个。分小组集中训练、测试，每天练习至少30分钟。严格按照手按式单指单张点钞法进行点钞训练，力争每个动作连贯到位。

（2）单把测试。测试标准：每把(100张)35秒以内点对点完(包括扎把)为优秀，40秒以内点对点完为良好，45秒以内点对点完为及格。

（3）多把测试。用时8分钟，给10把以上的点钞练功券，要求连点带扎8把以上。点对8把为及格，点对9把为良好，点对10把为优秀(包括扎把、盖章)。

3. 手按式三指三张点钞法实训

（1）准备点钞练功券20把以上，扎钞条若干，个人名章一枚，沾水盒一个。严格按照手按式三指三张点钞法的操作步骤进行点钞训练，力争每个动作连贯到位。

（2）单把测试。测试标准：每把(100张)30秒以内点对点完为优秀(包括扎把)，35秒以内点对点完为良好，40秒以内点对点完为及格。

（3）多把测试。给20把以上的点钞练功券，用时11分钟，要求连点带扎16把以上。点对16把以上为及格，点对18把以上为良好，点对20把为优秀(包括扎把、盖章)。

4. 手持式单指单张点钞法实训

（1）准备点钞练功券10把以上，扎钞条若干，个人名章一枚，沾水盒一个。分小组集中训练，每天至少练习30分钟。严格按照手持式单指单张点钞法操作的步骤进行点钞训练，力争每个动作连贯到位，反复多遍直到动作熟练。由小组长记录每天点1把的时间，包括拆把、持钞、捻钞、记数、挑残破券、墩齐、扎把和盖章8个步骤。

（2）单把测试。测试标准：每把(100张)35秒以内点对点完(包括扎把)为优秀，每把40秒以内点对点完为良好，45秒以内点对点完为及格。

（3）多把测试。用时5分钟，给5把以上的点钞练功券，要求连点带扎5把以上。点对3把为及格，点对4把为良好，点对5把为优秀(包括扎把、盖章)。

5. 手持式四指四张点钞法实训

（1）准备点钞练功券10把以上，扎钞条若干，个人名章一枚，沾水盒一个。严格按照手持式四指四张点钞法操作步骤进行点钞训练，力争每个动作连贯到位，反复多遍直到动作熟练。

（2）单把测试。测试标准：每把(100张)30秒以内点对点完为优秀(包括扎把)，35秒以内点对点完为良好，40秒以内点对点完为及格。

（3）多把测试。准备10把以上的点钞练功券，用时7分钟，要求连点带扎8把以上。点对8把为及格，点对9把为良好，点对10把为优秀(包括扎把、盖章)。

6. 扇面式点钞法实训

（1）准备点钞练功券20把以上，扎钞条若干，个人名章一枚，沾水盒一个。严格按照扇面式点钞法操作步骤进行点钞训练，力争每个动作连贯到位，反复多遍直到动作熟练。

（2）单把测试。测试标准：每把(100张)10秒以内点对点完为优秀(包括扎把)，15秒以内点对点完为良好，20秒以内点对点完为及格。

（3）多把测试。给20把以上的点钞练功券，用时5分钟，要求连点带扎16把以上。点对16把为及格，点对18把为良好，点对20把为优秀(包括扎把、盖章)。

7. 准备散放的和整把的点钞练功券若干，扎钞条若干，个人名章一枚，使用点钞机清点成整把并扎把和盖章。每个学生至少操作3次。

五、实训心得

____

____

____

参 考 文 献

[1] 杨清波，尤文利. 会计基本技能[M]. 郑州：大象出版社，2015.

[2] 王玉玲. 点钞与账表算[M]. 北京：高等教育出版社，2008.

[3] 陈玲. 财经基本技能[M]. 北京：北京工业大学出版社，2007.

[4] 陈学玲，彭林君. 会计基本技能[M]. 天津：天津教育出版社，2010.

[5] 吴相华. 财经职业技能训练[M]. 重庆：重庆大学出版社，2015.

[6] 陈燕，张俊利. 实用会计基本技能[M]. 北京：科学出版社，2012.

[7] 刘晓霞，卓丽容. 会计基本技能[M]. 北京：首都师范大学出版社，2019.

[8] 李颖. 会计基本技能实训[M]. 北京：经济管理出版社，2014.

[9] 刘艳清. 点钞与账表算[M]. 武汉：华中师范大学出版社，2011.

[10] 刘东辉，盛永志. 财经基本技能与训练[M]. 上海：上海财经大学出版社，2011.

[11] 雷玉华，余滢. 银行柜员基本技能[M]. 北京：人民邮电出版社，2020.